Vivre avec des personnes âgées

À domicile, en établissement

Les Éditions de la Chronique Sociale se veulent un champ d'expression libre où des pensées et des pratiques sociales différentes peuvent s'exprimer.

Elles ne sont inféodées à aucune institution, parti, Église, syndicat et ne vivent que de leurs productions. Leur orientation est déterminée par ceux qui participent à leur fonctionnement.

Elles souhaitent donner à chaque personne, à chaque organisation, des outils accessibles de connaissance, d'analyse et de compréhension d'elles-mêmes et de la société en évolution.

Chacun pourra s'approprier ces outils et les utiliser tant pour son développement personnel que pour une action collective efficace.

Symbolisme et signification de la couverture

Vivre avec des personnes âgées

- C'est la rencontre de deux êtres, l'entrée de chacun dans l'univers de l'autre tant au niveau matériel que psychologique.
- C'est prendre en compte l'interaction avec un entourage immédiat (famille, amis, voisins, intervenants).
- C'est se situer plus largement dans un environnement social.

Couverture : Rose-Marie Soutrenon
Responsable des éditions : André Soutrenon
Correctrice : Simone Dutey
Relations avec l'imprimeur : Catherine Bigot
Imprimeur : Imprimerie des Monts du Lyonnais
69850 Saint-Martin-en-Haut

Chronique Sociale, Lyon, Dépôt légal : Mars 1996

Clément Pichaud – Isabelle Thareau

Dessins de Daniel Blondiaux

Préface de Marie-Jo Guisset

Vivre avec des personnes âgées

À domicile, en établissement

Comprendre les personnes

l'essentiel

Chronique Sociale 7, rue du Plat - 69002 Lyon
Tél. : 78 37 22 12

Vivre avec des personnes âgées

Préface

Parce que l'avance en âge peut terrifier.

Parce que, aujourd'hui, la vieillesse se décline avant tout comme un fardeau économique et social, et que les réponses sont trop souvent conçues sur un mode exclusivement financier ou médical.

Parce que bon nombre de personnes vieillissantes nécessitent une aide pour les actes de la vie courante.

Parce que la gestion des corps usés a pris le pas sur l'acte de prendre soin...

Pour toutes ces raisons il est important de répondre à l'invitation des auteurs de cet ouvrage à marquer une pause, à prendre le temps de mieux comprendre.

Plutôt que de céder à nos peurs ou à notre envie de trop bien faire, apprenons à écouter les vieux, à suivre leur rythme et le chemin qu'ils nous montrent.

Innover aujourd'hui dans le champ de la vieillesse c'est avant tout changer de regard sur cette étape de la vie. C'est adopter une vision réaliste, positive et humaniste fondée sur le respect profond de chaque personne à aider dans son avance en âge.

Ce temps de réflexion peut nous aider à modifier notre approche et à changer nos attitudes de soignants, d'aidants ou de proches de parents âgés.

Marie-Jo Guisset

Responsable du programme

Personnes Agées à la Fondation de France

JE VAIS VOUS EXPLIQUER

Chapitre 1

Un certain regard

"Je ne verrai plus jamais
les personnes âgées comme avant."
(Un adolescent)

"J'aime beaucoup travailler près des personnes âgées", dit une aide-soignante. *"Comment peut-on passer sa vie au milieu des vieux ? C'est morbide !"*, dit quelqu'un d'autre. Ces différences d'appréciation peuvent certes signifier qu'on a plus ou moins d'aptitudes pour vivre avec des personnes vieillissantes, pour travailler à leur service. Mais, plus profondément, de telles options ne peuvent-elles pas s'enraciner dans une grande différence de regard sur ces personnes ?

Car le regard a le pouvoir étrange – formidable ou terrible – de transformer ce et ceux qu'il touche.

Un certain regard sur la vieillesse

"Vieillir, c'est d'abord la laideur : des rides, un corps mou... Ensuite, la pertes des sens... Vieillir, c'est aussi la peur de souffrir... Et aussi la peur de rester seule... Vieillir, c'est la peur et l'approche de la mort..." Sylvie, qui a écrit cela, a 21 ans. Elle travaille dans un établissement de personnes âgées, en qualité d'agent, et envisage d'y rester. On peut se demander : avec une telle horreur de la vieillesse, quelle relation peut-elle établir avec des personnes très âgées ? Elle-même, comment va-t-elle "s'en tirer" ?

La vieillesse, aux yeux de Sylvie, est pure "négativité" : en elle, tout serait manque, perte, diminution... C'est vrai – on le verra – la vieillesse est caractérisée par le ralentissement du fonctionnement des facultés, et elle peut être marquée par des limitations fonctionnelles (1).

Mais ces difficultés tiennent parfois beaucoup moins à des carences propres à ces personnes, qu'aux regards qu'on porte sur elles (2). Si personne ne les regarde avec amour et espérance, si personne ne semble compter sur elles, à plus forte raison si on ne les regarde même pas, pour quoi – pour qui vivraient-elles ?

---

(1) Limitations fonctionnelles : avoir des problèmes pour faire tel ou tel mouvement.

(2) Tout comme les carences attribuées aux handicapés tiennent, plus qu'on ne croit, aux carences du regard qu'on porte sur eux, cf. **Handicaps, handicapés : le regard interrogé**, (sous la direction de C. Gardou), Erès, 1991.

Christelle, amie de Sylvie, a sur la vieillesse un regard plus "neutre" ou plus nuancé : *"Pour moi, vieillir, ce peut être beaucoup de choses. On perd des êtres chers. Mais on a plus de sagesse"*. Christelle nous ouvre ainsi une piste trop peu fréquentée : celle qui consiste à regarder dans la vieillesse tout ce qu'elle peut comporter de positif.

"Les vieux pommiers ne donnent pas de vieilles pommes"

Quelle belle image pour nous faire comprendre que les personnes âgées peuvent donner des fruits qui ont la même saveur que ceux donnés par des plus jeunes !

Le Docteur Guillet souligne avec force que *"nous sommes en re-création permanente*[1]*"*, corps et esprit. Témoin Renée qui, grâce à la gymnastique douce, peut faire aujourd'hui (à 90 ans) des mouvements qui lui étaient impossibles il y a quatre ans ; et Simone qui, à 87 ans, s'initie à l'informatique (et son arrière-petit-fils est fier de le dire aux copains !). Mais, pour cela, elles ont besoin qu'on croie en leurs possibilités, qu'on porte sur elles un regard d'espérance.

La vieillesse peut porter aussi des fruits qui s'appellent : sagesse, indulgence, humour peut-être. Et encore : silence, une certaine solitude positive, une aptitude à voir les choses et les gens en profondeur (contemplation), le sens de la vie et de la mort. Mais qui donc, aujourd'hui, voit là des valeurs ?

C'est tout cela que développe si bien, et avec vigueur, Christian Combaz dans son livre provocant : **Eloge de l'âge, dans un monde jeune et bronzé** [2].

Un certain regard sur la vie

Si la vieillesse est si souvent perçue négativement, n'est-ce pas parce que beaucoup se représentent la vie humaine ainsi ?

(1) Dans son beau livre, très facile à lire, **L'aventure de l'âge**, 1989, Le Livre de poche n°8016.

(2) Ch. Combaz, **Eloge de l'âge**, Laffont, 1987. Autre plaidoyer passionné ; **La révolte du troisième âge**, de Betty Friedan, Albin Michel, 1995.

La vie se déroulerait en trois phases : d'abord une progression (enfance, jeunesse), puis une longue période en plateau, enfin un déclin qui serait la vieillesse.

Or, on vient de le voir, la vieillesse n'est pas nécessairement déclin, en tout cas elle n'est pas que cela : on peut ralentir, parfois même empêcher, de nombreuses pertes et diminutions ; on peut même apprendre de nouveaux savoirs et acquérir de nouvelles possibilités. A tout âge on peut acquérir et progresser. Et à tout âge on peut être confronté à des pertes, des privations, des meurtrissures.

C'est donc tout au long de la vie, de la naissance à la mort, que peuvent se mélanger les progrès à faire, les pertes à assumer, les déficits à compenser, le travail de deuil [1] à accomplir pour vivre aussi pleinement que possible. Le schéma de déroulement de la vie est alors beaucoup plus complexe, et aussi plus homogène d'un bout à l'autre.

Eclairages de l'histoire et de la littérature

Il n'est pas rare d'entendre dire que, autrefois au moins, les vieux étaient estimés, écoutés, vénérés. Les études historiques sérieuses montrent qu'il ne faudrait pas idéaliser un passé qui était bien mélangé.

---

(1) Le travail de deuil est repris et expliqué dans le chapitre 3 "Entre pertes et espoirs".

"Le conte suivant qui date du Moyen Age, rappelle que si la cohabitation entre générations était la règle, cela ne voudrait pas forcément dire qu'elle se vivait toujours de façon positive : Un paysan ne supportant plus dans sa chaumière la présence de son vieux père devenu malpropre, décida de le conduire à l'hospice. Il demanda à son plus jeune fils d'aller à l'étable lui chercher une couverture qui s'y trouvait. L'enfant revint avec seulement la moitié de cette couverture. 'Pourquoi ?' lui demanda son père. 'J'ai gardé l'autre moitié pour le jour où moi aussi, je te chasserai de la maison'. La morale dit que le paysan comprit la leçon que lui donnait son fils et garda son vieux père chez lui. Si ces histoires circulaient à l'époque, c'est bien que la réalité devait quelquefois leur correspondre (1)*."*

Mais il est vrai que l'histoire abonde en considérations positives sur la vieillesse. Par exemple la Bible, où nombre de textes rendent le même son que celui-ci :

"Mon fils, soutiens ton père dans sa vieillesse. Même si son esprit l'abandonne, sois indulgent, ne le méprise pas, toi qui es en pleine force (2)*."*

De même, la littérature nous donne de la vieillesse des images très contrastées (3).

D'un côté, on trouve par exemple Simone de Beauvoir qui écrit :

"Enfant, je classais en gros les adultes par générations : il y avait celle de mes parents – les grandes personnes ; celle de mes grands-parents – les gens âgés ; et des espèces de phénomènes assez répugnants, les vieillards, que j'assimilais aux malades et aux infirmes."

De l'autre côté, Jean Paulhan :

"J'ai quatre-vingts ans passés. C'est peut-être plus que je ne mérite. Mais je suis surpris de voir à quel point il est délicieux de vieillir : délicieux, et même intéressant. On finit par éprouver une foule de sentiments qui vous semblaient jusque-là de la pure invention de littératures, des mensonges. On en comprend d'autres, qui vous étaient restés obscurs. Je ne saurais trop recommander la vieillesse à tous."

---

(1) Extrait de B. Veysset, **Dépendance et vieillissement**, L'Harmattan, 1989, p. 74.

(2) Siracide 3,12-14.

(3) Voir par exemple l'article de M. Philibert dans **Gérontologie**, 1988, n°68 où sont puisées les citations suivantes.

“Bonjour, vieillesse (1) !”

Bonjour, ma sœur la vieillesse !
Oh ! je t’ai vue venir de loin
et ne t’ai pas tendu la main...
Longtemps, je t’ai regardée d’un mauvais œil...
Tu me paraissais laide, triste, comme toujours en deuil,
traînant derrière toi un sac de misères,
de journées amères,
de solitude,
de décrépitude.
Non, je ne voulais pas te voir m’approcher !
Et pourtant, te voilà si près de moi, à me toucher.
Il faut donc que je m’apprivoise à ta compagnie,
car tu ne me quittes plus désormais ;
– Adieu, jeunesse ! et pour jamais !
Bien au contraire, tu prendras toujours plus de place en ma vie,
et c’est pour cela que, convertissant mon cœur,
je t’appelle en toute sincérité : “ma sœur”...
Maintenant que je te vois de près,
je te découvre des attraits :
tu es expérimentée et mets toute chose à sa place,
lui donnant sa vraie valeur et sa grâce ;
tu libères de beaucoup d’artificiel, d’inutile, de vanité
et tu m’établis dans la vérité.
Si mon être physique décline, mon âme est plus légère pour monter.
Alors, ma sœur la Vieillesse, je t’accepte et même je t’aime
puisque tu me rends libre et que, peu à peu,
tu me rapproches de Dieu !

Madame G, 85 ans

---

(1) Extrait de **Lien d’amitié**, REPSA, n°83, juillet-août 1992, p. 15.

Le regard des autres

Une grande difficulté – une grande souffrance aussi – pour les gens âgés, c'est le décalage entre ce qu'ils ressentent à l'intérieur, et ce que les autres voient d'eux, l'image qu'ils s'en font.

Par exemple, tel résidant peut se sentir très bien, alors que telle personne de son entourage le trouve un peu abattu. Pourquoi cette différence d'appréciation, cette distance ? Elle semble due, en partie au moins, au fait que, très souvent, on voit les personnes âgées à travers des idées toutes faites : *"C'est normal à son âge... Les vieux sont comme ça* (1)*..."*

C'est justement pour contribuer à réduire cette distance que la communauté européenne a fait de *1993 "l'année des personnes âgées et de la solidarité entre les générations* (2)*."*

Amélie (10 ans) pensait que les vieux étaient "tous grincheux", Jonathan qu'ils étaient "tous gentils". Avec leur classe, ils ont eu des contacts nombreux et approfondis avec les résidents d'établissements. Leur regard a changé. *"L'image de la personne âgée, si elle est celle de la faiblesse du corps, de la solitude et de la quasi-inactivité, n'engendre pas pour autant une représentation négative, en ce sens qu'elle se dessine sur fond de tendresse et qu'elle implique le respect."*

Témoin Amélie : *"Ce que je préfère quand je viens ici ? C'est surtout leur parler de moi, leur faire connaître qui je suis... et en même temps leur demander ce qu'ils font... qu'est-ce qu'ils faisaient avant dans la vie."*

Un autre enfant : *"Ce que j'aime chez les personnes âgées ? Quand on arrive, ils nous font un bisou, on leur fait un bisou, c'est ça en fait : ils sont très affectueux, ils ne sont pas brutales* (sic)*."* Et ce changement de regard entraîne un changement de comportement : *"Quand on les côtoie, après on devient plus... on fait plus attention."*

Ces enfants deviennent plus soucieux d'aider les personnes âgées, et même plus capables de ne pas les aider, par respect pour leur autonomie :

"Un jour, je voulais aider dans la rue un vieux Monsieur parce qu'il avait un sac un peu lourd ; je voulais l'aider à le porter jusque chez lui. Il m'a dit : 'Non laisse-moi, je suis assez fort'... Je crois qu'il voulait pas se laisser aller. Il avait peur."

---

(1) Cf. J.-J. Amyot, **Travailler auprès des personnes âgées**, Privat, 1994, pp. 113-114.

(2) Cf. Colloque des 27-28 octobre 1994, organisé par la Fondation de France, **L'alliance des âges**, sous-titre, "Le changement de regard et la réciprocité".

On note les mêmes changements chez les adolescents qui ont vécu le même genre de contacts. *"Ils nous ont prouvé que les personnes âgées ne sont pas toutes des vieilles mémés et des vieux pépés assis sur leur chaise toute la journée"*. Et même quand la fatigue est présente : *"J'ai découvert qu'on pouvait s'amuser même si on est fatigué."* Ils n'imaginaient pas également qu'on puisse être *"à leur âge"* encore créatif, méticuleux, agile, plein d'imagination, de patience, de courage, de volonté... qualités liées à la jeunesse mais que les vieux sont censés avoir perdues. Du point de vue du caractère, ils les ont trouvés *"agréables, très gais, avec beaucoup d'humour, et un côté moqueur très sympathique"*. Ils ont découvert des gens qui aiment rire, s'amuser, chanter, danser, faire du sport... *"J'ai été étonné de voir qu'ils ne s'ennuyaient pas, et qu'ils font plein de choses comme la musique, la danse..."*

Les stéréotypes du genre *"les vieux sont méchants"*, qu'ils proféraient au départ, ont complètement disparu : *"Ce qui m'a étonné, c'est la facilité qu'ils nous apportaient pour communiquer avec eux par leur gentillesse et leur accueil."*

Tout en ayant découvert qu'*"elles ne sont pas toutes semblables"*, ils affirment désormais : *"Je ne verrai plus jamais les personnes âgées comme avant"*.

Un regard qui reconnaît la dignité

Un SDF est devenu vendeur de *"journaux de la rue"*. Le journaliste télé qui l'interviewe lui demande : *"En devenant ainsi vendeur, avez-vous le sentiment d'avoir retrouvé votre dignité ?"* Réponse immédiate : *"Ma dignité, Monsieur, je ne l'ai jamais perdue ! Elle est en moi, comme elle est en vous. Disons que, maintenant, on me la reconnaît."*

Le problème de ce SDF est celui de beaucoup de personnes âgées : qu'on reconnaisse la dignité qui est en elles (1). La dignité humaine n'est pas quelque chose qui se perd, contrairement à ce que peuvent croire certains. Si on ne peut la perdre, personne ne peut prétendre la redonner à qui que ce soit. Il n'y a qu'une chose à faire : reconnaître la dignité de toute personne, quel que soit son âge, même si elle n'est pas "utile" au sens de productive, même si elle est réduite à l'immobilité, même si son esprit semble l'avoir désertée.

Dans le même sens, il est important que soit reconnue la dignité des tâches les plus humbles, et peut-être les plus ingrates, à leur service. Dans un service hospitalier, le "patron" se montrait particulièrement méprisant pour le personnel, le traitant de "pousse-balai", "vide-pots"... Traversant un couloir

---

(1) Cf. par exemple revue **Jalmalv** n°s 31 et 32.

où un agent passait la serpillière, il lui sort une de ses "amabilités" habituelles. Se redressant vivement, l'agent lui rétorque : *"Oh ! pardon, docteur, moi je fais de la serpillo-thérapie."* Sous-entendu : si les résidants ont besoin de vous, ils ont aussi besoin de moi. A chacun sa thérapie ! Il ne doit pas y avoir de tâches nobles et d'autres qu'on pourrait mépriser. Cette anecdote a fait rire – et réconforté ! – bien des agents de service. A juste titre.

Un certain regard sur chaque personne âgée

Une femme, qui vient voir sa vieille mère en établissement, dit au personnel : *"Comment pouvez-vous passer vos journées au milieu de tous ces vieux ?"* Une autre, qui a sa mère chez elle, lui dit parfois : *"Tu peux plus faire ça ? T'es plus bonne à rien !"* Dans un établissement où on prépare une joyeuse sortie, les "valides" disent aux soignants : *"On laisse les fauteuils ici, et ceux qui déménagent : on veut pas de ça avec nous !"*

Paroles terribles, bien sûr. Mais, sans vouloir les justifier, ne peuvent-elles pas s'expliquer, au moins en partie, par ce que les psychologues appellent *"la relation au miroir"* ?

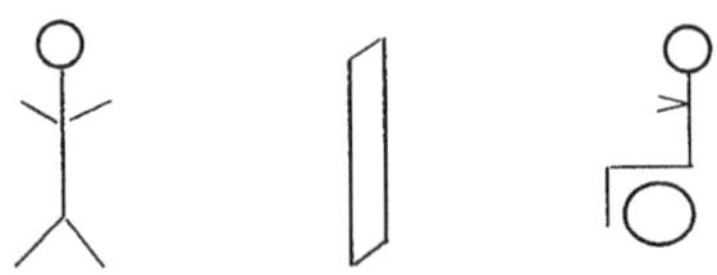

Valide Miroir Dépendant

La personne valide qui regarde une personne dépendante ne voit-elle pas dans l'autre **l'image de ce qu'elle-même risque et craint de devenir ?** C'est comme s'il y avait, entre les deux, un miroir : elle ne voit plus vraiment l'autre, mais elle-même dans l'autre. Alors, si je la vois repousser la personne dépendante, n'est-ce pas que, inconsciemment, elle rejette l'image de son propre devenir redouté ? C'est donc moins une intolérance contre l'autre dépendant qu'un refus de devenir elle-même dépendante.

Apprendre à voir ainsi les choses peut nous aider à mieux comprendre et mieux aider l'une et l'autre.

Mais ce n'est pas tout. Car il y a aussi **nous-même, et notre propre regard.** La relation en miroir ne peut-elle pas exister aussi entre nous et telle personne âgée ? Ne disons-nous pas : *"Je voudrais vieillir comme une telle... mais pas comme telle autre"* ? Signe que, nous aussi, nous voyons dans les autres l'image de notre propre avenir, souhaité ou redouté. Il est capital de prendre conscience de ce risque de *"relation au miroir"*, pour prendre les moyens d'en être le moins possible victime. Par exemple en me redisant assez souvent et assez fort : ce n'est pas moi qui suis sur ce fauteuil, mais bien M. X ou Mme Y, avec ses particularités et son vécu. Je n'ai donc pas à imaginer qu'elle ressent ce que je pense. Car elle peut ressentir le contraire de ce que je pense. Cette prise de distance avec moi-même est indispensable pour que je regarde cette personne dans son altérité, sa différence.

La télévision évoque les 120 ans de Jeanne Calment. Sur le plateau, une femme, la cinquantaine, dit : *"Je ne voudrais pas vieillir comme ça !"* Un médecin, qui connaît bien la centenaire, réplique : *"C'est bien une réflexion de jeune ! Jeanne Calment s'est habituée à vivre plus au ralenti, mais elle vit aussi pleinement qu'il lui est possible."*

Ainsi chaque personne (même âgée) est-elle unique, elle a pu vivre une histoire dont je n'ai pas idée, et son monde intérieur peut être très différent du mien. Cette différence, reconnue et acceptée, porte un nom : **le respect.**

En bref...

Il y a des regards qui tuent : ceux qui voient, dans la personne âgée, un être "fini", inutile, ou qui aurait perdu sa dignité, ou qu'il faudrait cacher...

Et il y a des regards qui font vivre : ceux qui voient, dans la personne la plus affaiblie, un être humain à part entière, et qui la respectent quel que soit son état.

A vrai dire, la vie est souvent mélangée, et donc aussi la vieillesse. Impossible de ne pas y voir des choses difficiles à supporter. Mais, l'enjeu essentiel est d'en voir aussi les aspects positifs. Et plus encore d'avoir toujours un regard positif sur la personne, même et surtout si elle est accablée de misères diverses...

Chapitre 2

Etre vieux

"L'âge ne veut rien dire !"

(Une résidente)

"Vieillir, c'est quoi ?"

Posez, autour de vous, cette question : *"Vieillir, pour toi (pour vous), c'est quoi ?"* Vous avez des chances de recevoir, comme nous, des réponses comme celles-ci :

Un enfant : *"Vieillir, c'est grandir !"* Eh oui ! Le vieillissement ne commence pas à 60 ou 70 ans, mais dès la naissance. Certains stocks de cellules – neurones du cerveau, cellules germinales – vont lentement décroître... mais des capacités nouvelles vont apparaître et croître. D'autres stocks de cellules vont se renouveler constamment : par exemple, la totalité de nos os est renouvelée tous les 5 à 7 ans. Cette perspective est tellement importante qu'un livre sur le 3e âge s'intitule **Avancer en vie** (1). Et un autre **Vieillir, projet de vie** (2).

Pour un adolescent, *"Vieillir, c'est avoir le droit de conduire une mobylette puis une voiture, c'est ne plus dépendre des parents, c'est faire sa vie avec quelqu'un"*. Ces approches indiquent combien chaque âge permet d'accéder à des capacités nouvelles, avec tout ce que cela peut avoir de séduisant (du nouveau !) mais aussi d'inquiétant (de l'inconnu, et des responsabilités). Elles indiquent aussi que chaque âge est passage d'un univers relationnel à un autre, avec un double aspect : un détachement à accepter, des attachements à réaliser.

A l'âge adulte, on a peut-être une image plus trouble du vieillissement. D'un côté, on sent qu'*"on n'a plus 20 ans"*, et on peut avoir peur des diminutions physiques, et plus encore psychiques, auxquelles la vieillesse est trop souvent assimilée. D'un autre côté, on voudrait "être plus vieux de quelques années" pour avoir enfin du temps à soi, laisser des responsabilités écrasantes, pouvoir faire ce qu'on aime...

---

(1) Marie-Jo Thiel, **Avancer en vie**, Desclée de Brouwer, 1993.

(2) Hélène Reboul, **Vieillir, projet de vie**, Chalet, 1992.

Qu'en pensent les personnes âgées ? Celles qui ont répondu à l'enquête de l'Association de personnes âgées vivant en collectivité [1] disent par exemple : *"L'âge ne veut rien dire"*, témoin des centenaires vigoureux. *"Le vieillissement se fait lentement, il se fait sentir chaque jour un peu plus"*, mais sans fatalisme : *"Les handicaps arrivent, mais je n'ai pas le temps d'y penser, tant je suis occupée"*. Il y a des événements – accident, mort du conjoint – qui peuvent être *"le point de départ d'une chute brutale vers le vieillissement"*, mais là aussi il y a des moyens de faire face : s'occuper, avoir des loisirs, des relations...

"Vieillir... Vieux... Vieillesse..."
Des mots terriblement ambigus

Ces mots sont loin d'avoir toujours le même sens ! Cela dépend de l'époque : au moment de la Révolution (il y a 200 ans), l'espérance de vie était de 25 ans, elle est aujourd'hui près de 74 ans pour les hommes et 82 ans pour les femmes. Cela dépend à qui je me compare, ou qui parle de moi : quand j'interviens à l'école d'infirmières, je suis "un vieux" ; mais, pour ma voisine qui a 85 ans, je suis "un jeunot" ! Cela dépend de la psychologie de chacun : de deux personnes qui ont le même âge et le même état de santé, l'une se sentira vieille et passera son temps à étaler ses (petites) misères, tandis que l'autre se sentira "toujours jeune".

Justement, des publicités – et aussi des soignants – incitent les personnes âgées à "rester jeunes". Et dans le même temps, on dira que trop de jeunes sont "déjà vieux" ou "vieux avant l'âge". On comprend aisément ce que cela veut dire. Mais ces façons de parler semblent extrêmement dommageables.

---

(1) APAVEC, **Des résidants s'expriment sur leurs lieux de vie**, 83 rue du Fresche-Blanc, 44300 Nantes, plaquette de 75 pages parue en 1990.

En effet, elles mettent sous les mots "jeune" ou "jeunesse" toutes les positivités : être dynamique, espérer, apprendre, se former, se construire, se lier... Alors les mots "vieux" et "vieillesse" ne peuvent se caractériser que par les négativités correspondantes : être amorphe, n'avoir plus d'espoir, se déformer, perdre ses relations... Or la réalité est toute différente. La jeunesse aussi est aux prises avec beaucoup de difficultés : allez donc dire aux jeunes des banlieues – et à d'autres – que pour eux tout est beau ! Et, de son côté, la vieillesse est loin d'être aussi négative qu'on le dit trop souvent (1).

Erreurs de perspective

Même des études dites scientifiques ont attribué au vieillissement des carences ou faiblesses qui viennent de tout autre chose, ou qui sont même illusoires. Depuis quelques années, heureusement, la vérité se rétablit (2).

Par exemple, on disait que le débit cardiaque diminuait avec l'avancée en âge... et on s'est rendu compte que ces résultats tenaient, en fait, à la présence de sujets présentant des maladies cardiaques. On disait que la filtration rénale diminuait anormalement... et on s'est rendu compte que le rein d'une personne âgée maintient l'équilibre du milieu intérieur de l'organisme autrement que celui d'un sujet jeune.

De même, nombre de pathologies observées chez des personnes âgées sont parfois attribuées à tort à leur âge, alors qu'elles viennent de maladies passées, qui ont été négligées ou inaperçues (3). Ainsi, une insuffisance rénale peut avoir son origine dans une infection urinaire non traitée. Et une insuffisance respiratoire peut venir d'une bronchite chronique (et on considère qu'une bronchite chronique c'est trois bronchites par an pendant trois années consécutives).

Une autre erreur de perspective tient à ce que, souvent, on compare des personnes aujourd'hui âgées à des sujets aujourd'hui jeunes (approche transversale). Alors, bien sûr, on attribue à l'âge tout ce qu'on observe chez les personnes âgées qui n'est pas présent chez les jeunes. Et, le plus souvent on fait erreur. Ce qui le prouve, c'est ce qu'on trouve quand on suit une cohorte

---

(1) Il faut lire comment Françoise Derkenne, 80 ans, et son groupe de retraités pourfendent le trop fameux texte du général Mac Arthur sur la jeunesse (F. Derkenne, **Le temps de la bienveillance**, Editions Médialogue, 1987, pp. 14-30. De même, repoussant l'illusion de la "fontaine de jouvence", Betty Friedan a intitulé son livre, **La fontaine de l'âge** (titre en américain : **The foutain of age**).

(2) Voir par exemple B. Cassou, "Le vieillissement biologique", dans l'ouvrage collectif **La relation psycho-sociale avec les personnes âgées**, Privat, 1993.

(3) Remarques du Docteur J.-F. Morineau, administrateur au CEAS, ancien chef de service en pneumologie, au CHD de la Roche-sur-Yon.

de personnes depuis leur jeunesse jusqu'au grand âge (approche longitudinale). Alors, on découvre que telle difficulté, chez telle personne âgée, vient de ses conditions de travail ou d'habitat, de maladies qu'elle a eues, d'un passage à la retraite qui a été difficile, de deuils qu'elle a subis, etc.

Y a-t-il, tout de même, des signes du vieillissement ?

Oui, avec l'avancée en âge, surviennent des modifications physiologiques plus ou moins manifestes(1) :

- la peau se ride, se dessèche ;
- poils et cheveux deviennent plus gris et plus rares ;
- l'oreille perçoit plus difficilement les sons aigus et devient plus sensible aux bruits de fond ;
- la vue peut devenir moins perçante, avoir plus de peine à s'adapter à la lumière et à l'obscurité, embrasser moins large (rétrécissement du champ visuel) ;
- la force musculaire diminue ;
- la masse osseuse se réduit ;
- le système respiratoire peine davantage, en particulier pendant l'effort ;
- la production, la sécrétion et l'action des hormones se modifient (en particulier à la ménopause) ;
- le système immunitaire se transforme.

Mais n'y a-t-il que baisse, diminution, perte ?

Dans la description ci-dessus, on a mis le plus possible des verbes neutres (devenir, se modifier, se transformer) pour ne pas qualifier le changement (dans un sens négatif surtout).

Mais, la plupart du temps, les articles et livres qui décrivent le vieillissement biologique, le font en des termes complètement négatifs (baisse, perte, diminution...), parfois même catastrophiques (dégradation, détérioration(2)...).

Alors, évidemment, la vieillesse ne peut apparaître que noire, ou même sinistre.

Et si on regardait le vieillissement comme un changement ? On ne serait pas étonné qu'il comporte des aspects de diminution et de perte. Mais on s'attendrait aussi à ce qu'il ait tout un versant de progrès et d'acquisition, et on s'y rendrait délibérément attentif.

---

(1) Cf. B. Cassou, *op. cit.*, pp. 18-20.

(2) Voir les "échelles de détérioration", les "grilles de dépendance", etc.

Les côtés positifs, au moins possibles

Ainsi, la décalcification, souvent attribuée à la vieillesse, serait plutôt une conséquence du manque d'exercices physiques. Comme l'explique très bien le Docteur Guillet, s'il est vrai qu'on perd du calcium avec l'âge, le calcium revient dans l'os “si l'os le demande, et la demande vient de la fonction”. En d'autres termes : *“Si l'on marche, si l'on court, si l'on bouge, l'os, du fait de la pesanteur, est soumis à des pressions et à des tractions qui appellent le calcium. La règle est simple : nos os restent solides si nous nous servons de nos muscles. Il s'agit d'ailleurs d'une loi générale, valable pour tout le corps : le corps ne s'use que si l'on ne s'en sert pas...*[1]*.”*

Plus largement, comme le dit encore le Docteur Guillet, *“nous sommes en recréation permanente”*. Ou plutôt, nous pouvons l'être. A chaque minute, quelque chose meurt en nous. A chaque minute aussi, quelque chose peut naître en nous. Cela dépend de nous. De notre lutte contre les diminutions qui menacent, et de notre effort vers des progrès possibles.

Voici comment un Centre de soins à domicile présente les actions de prévention pour un vieillissement sain[2].

Vieillir... un art de vivre

Sommaire

Nous sommes tous concernés... vieillir est une aventure à partager.

- La vieillesse, un défi à relever.
- L'apparence physique est très importante :
  a) Habillement
  b) Coiffure
  c) Dentition
  d) Hygiène, soins esthétiques

(1) Dr P. Guillet, *op. cit.*, pp. 45-46.

(2) Extrait de Michèle Pohier, **Notre santé, une école de vie**, Chronique Sociale, 1992.

– Facilitons nos rapports avec les autres :
  a) Audition
  b) Vue
  c) Mémoire

– Découvertes intellectuelles.

– Solitude : évitons l'isolement
  → adresses utiles

– Et notre sexualité ?

– Les médicaments... Attention !

– La vie, c'est le mouvement :
  a) Bienfaits de l'activité physique
  b) Effets de l'inactivité
  c) Quelques adresses

– Prévenons les chutes.

– Bien vieillir... mon secret ?
  a) Une alimentation équilibrée
  b) Conserver un bon sommeil

Un certain regard

Pour chaque personne âgée, cette lutte et cet effort dépendent beaucoup de la façon dont elle se perçoit, et donc aussi des regards qu'on porte sur elle.

La vieillesse de l'autre, la "coloration" de cette vieillesse, réside largement dans mon regard. Si j'ai, de la vieillesse, une image toute négative, je sélectionnerai, chez l'autre âgé, tous les aspects négatifs, sans même m'en rendre compte et, logiquement, mon action soulignera inconsciemment les mêmes aspects négatifs, fût-ce pour les combattre. Si j'ai, de la vieillesse, une image plus équilibrée, je percevrai aussi les aspects positifs, au moins possibles, j'encouragerai et aiderai la personne en ce sens, par exemple dans le domaine de l'alimentation (voir plus loin) ou celui des exercices physiques...

Le premier regard à changer pourrait bien être celui des médecins. On a beaucoup trop médicalisé la vieillesse, ce sont des médecins qui le disent, l'expliquent et disent comment l'éviter [1].

---

(1) Voir chapitre 7 "Santé, soins".

Finalement, c'est quoi, être vieux ?

Après tout cela, on est bien obligé de reconnaître que *"le vieux n'est pas une catégorie biologique [1]"*. Peut-être alors faut-il se contenter de dire : *"Doit être considéré comme vieux celui qui, dans une collectivité donnée, a vécu davantage que les autres"*. Ou encore *"Une personne qui a vécu plus longtemps que la plupart des personnes qui vivent aujourd'hui [2]"*.

En bref...

Le vieillissement est "l'action du temps sur les être vivants [3]" : définition neutre qui permet de s'attendre à des effets destructeurs ou constructifs.

Le vieillissement physique comporte – inutile de chercher à le nier – un ralentissement des mouvements et fonctions, une diminution des forces, parfois une altération des membres ou des organes.

Mais les diminutions ne sont pas si fatales, ni si importantes qu'on le dit. Pour peu qu'il s'entretienne et fasse les exercices appropriés, un corps âgé peut se conserver et même faire des progrès, plus que beaucoup ne le croient.

L'attitude juste semble donc être : un réalisme qui ne soit pas une démission, et un optimisme qui ne soit pas une illusion.

---

(1) H. Bour, **Le troisième âge**, PUF, 1969, p. 13.

(2) Michel Philibert, "La vieillesse expliquée aux enfants", **Gérontologie** n°86, p. 17.

(3) Définition du Dr Françoise Forette, présidente de la Fondation nationale de gérontologie.

Chapitre 3

Entre pertes et espoirs

"On vieillit comme on a vécu."

Ajuriaguerra (psychogériatre) (1)

"Elles sont égoïstes... elles n'aiment pas le changement... elles sont méchantes, toujours tristes..." Autant de phrases qu'on entend parfois pour qualifier les personnes âgées dans leur ensemble. Mais toutes les vieilles personnes sont-elles vraiment si semblables que cela ? Auraient-elles une psychologie particulière ? On le dit souvent, trop souvent. Sans doute parce que cela nous arrange, et nous rassure ! En attribuant aux personnes âgées des caractéristiques particulières qui leur seraient propres, nous avons surtout le souci de manifester qu'elles ne sont pas comme nous. Ainsi les choses sont claires (pensons-nous !) : elles sont âgées... mais pas nous. C'est en mettant à part les personnes âgées que nous pouvons nous sentir "jeunes".

Or aujourd'hui, les gérontologues et les psychologues s'accordent pour dire qu'il n'y a pas une "psychologie du troisième âge". Cela veut dire que les personnes âgées ont la psychologie d'une personne adulte, avec peut-être quelques particularités, d'ailleurs pas toujours liées à l'âge. N'avons-nous pas déjà insisté sur le fait que les vieilles personnes ont fondamentalement les mêmes besoins que tout être humain, vous comme moi ? Mais en même temps, chaque personne (quel que soit son âge) est unique (cf. chapitre 1 : *"Un certain regard"),* il y a autant de manières de vieillir que de personnes qui vieillissent !

La psychologie actuellement s'intéresse à la manière dont l'être humain s'adapte à son environnement. Plus précisément, les psychogérontologues (2) mettent l'accent sur l'adaptation de chacun à la vieillesse.

Ajuriaguerra (un des pères de la psychogériatrie) considère que la vieillesse n'est que la continuité de la vie antérieure : *"On vieillit comme on a vécu"*. Si l'on a toujours été dynamique et optimiste, il n'y a pas de raison pour qu'on devienne brutalement l'inverse (3) .

---

(1) Psychogériatrie : étude de l'hygiène mentale du sujet âgé.

(2) Psychogérontologie : étude des comportements des personnes âgées vieillissantes.

(3) La théorie d'Ajuriaguerra est présentée, par exemple, par Jean-Paul Durand dans **Géronto-psychiatrie**, Lamarre, 1994, p. 62.

Deux grands-mères illustrent parfaitement cela. L'une, plutôt optimiste, ouvrait ses volets le matin et, découvrant le soleil, s'exclamait : *"Ah ! quelle belle journée !"*, et l'autre, plus pessimiste, disait : *"Il fait peut-être beau, mais ça va pas durer !..."*

Cela signifie que le changement brutal de comportement, d'attitude ou de caractère chez une personne âgée devrait nous alerter. Très souvent, on conclut en disant "c'est l'âge !" comme si on n'y pouvait rien, comme si c'était une fatalité. Mais il n'en est rien, tout changement brutal peut être le signe d'une maladie physique ou psychologique...

Mais dire que la vieillesse est la continuité de la vie adulte ne signifie pas pour autant que *"la vie est un long fleuve tranquille"*. En effet, au cours de notre existence, nous avons tous été confrontés à des ruptures, et amenés à assumer des pertes. *"Mais c'est en perdant, quittant, et renonçant, qu'on grandit* [1]*"*.

Les pertes ne sont pas spécifiques aux personnes âgées, car chacun fait l'expérience de la perte dès la naissance. Mais ce qui caractérise les vieilles personnes, c'est l'accumulation des pertes qui peuvent parfois les fragiliser.

Parmi ces changements, signalons :

- le passage à la retraite
- le départ des enfants et le fait de devenir grands-parents
- les modifications biologiques et physiques
- la mort du conjoint, des proches
- le relogement et l'entrée éventuelle en établissement.

La retraite

La retraite constitue un moment important, un événement majeur de l'existence, un passage, une rupture qui marque la fin d'une période et le début d'une autre. C'est un moment pas toujours facile à vivre car il est fait d'incertitudes. C'est un peu comme à l'adolescence : on ne peut plus se rattacher à son passé et en même temps on ne sait pas précisément de quoi sera fait son avenir. Mais l'enfance et l'adolescence préparent à la vie adulte, alors que la retraite signifie pour beaucoup quitter la vie adulte, entrer en vieillesse, faire partie du troisième âge, se rapprocher de la mort...

La retraite, c'est quitter son emploi, c'est en quelque sorte perdre sa profession, perdre son statut professionnel par lequel on se définissait. **En passant à la retraite, je change d'identité.** Avant, j'étais agriculteur, aide-soignante ou professeur, aujourd'hui je suis retraité ! Il faut apprivoiser cette nouvelle réalité.

---

(1) Judith Viorst, **Les renoncements nécessaires**, Robert Laffont, 1986, p. 10.

Le passage à la retraite entraîne d'un coup la perte de toutes les relations de travail ou liées au travail.

Autrement dit, le passage à la retraite oblige à une réorganisation globale de sa vie. Même si on ne reste pas tout le temps confiné à la maison, un couple doit réapprendre à vivre à deux.

Lorsqu'on est dans la vie active, c'est le travail qui gère le temps ; quand on est à la retraite, c'est l'inverse, c'est à chacun d'organiser son temps, de se prévoir des activités, des occupations... *"La retraite est donc le passage d'une vie bien remplie à une vie qu'il faut remplir*(1)*."*

Et ce vide, qu'il va falloir combler, peut être très angoissant. Veuve depuis quelques années déjà, Mme X va être dans quelques mois en retraite. Au cours de ces dernières vacances, elle a passé plusieurs jours chez elle, seule, sans une visite, sans un appel téléphonique. Quelques jours plus tard, en me racontant ces journées monotones, elle ajoutait *"Et dire que ça va être cela la retraite !"*

Mais le temps de la retraite peut aussi être mis à profit pour réaliser des projets jusque là impossibles et s'épanouir pleinement.

Depuis qu'ils sont à la retraite, M. et Mme Lambert en profitent pour visiter plus souvent leurs enfants qui habitent loin. Ils voyagent énormément : *"Avant, on n'était jamais sorti de France..."* Les deux premières années, ils se sont également consacrés à leur maison : réaménagement des pièces, tapisseries, peintures, afin de la rendre la plus agréable possible. Et dès qu'elle a un moment, Mme Lambert s'adonne à la lecture de romans : *"J'ai toujours aimé lire, alors j'en profite maintenant que j'ai le temps."*

D'autres vont s'engager dans des actions humanitaires.

M. Martin savait que sa forge ne serait pas reprise. Il se demande, quelque temps avant de cesser son activité, ce que va devenir cette forge. La Chambre des métiers lui fait part de projets où les vieux outils sont acheminés vers des pays en voie de développement, plutôt que de les mettre à la ferraille. M. Martin et sa femme prennent donc contact avec l'association qui s'occupe de ces projets. Une fois à la retraite, ils partent au Burkina Faso pour installer la forge qui a été acheminée et former des artisans sur place...

Des exemples comme ceux-là fleurissent un peu partout, mais les personnes retraitées ont parfois besoin d'être informées sur ce qui est possible...

---

(1) Hélène Reboul, **Vieillir : projet de vie**, Chalet, 1992, p. 79.

Le départ des enfants... devenir grands-parents

Un autre événement marque souvent la vie d'une famille et en particulier les parents. Il s'agit du départ des enfants.

Soudain, le couple se retrouve seul, face à lui-même. Il lui faut retrouver un équilibre conjugal nouveau, sans les enfants. Ce changement peut rapprocher les conjoints, resserrer les liens, ou bien au contraire provoquer ou aggraver des conflits déjà existants ou latents, ou encore laisser le vide s'installer dans la relation.

Une femme témoigne : *"Depuis que nous sommes à la retraite, je ne me suis jamais sentie aussi seule. Il y a eu, d'abord, le départ des enfants. On savait que cela arriverait, on s'y était préparé mais une chose est de savoir, une autre de vivre. Pour le dernier surtout, ce fut très dur. Voir la table mise avec deux couverts seulement me serrait le cœur. Mais, bon... Depuis que nous sommes retraités, nous vivons comme des personnes parallèles. Il s'assoit devant la télévision. Si ça ne l'intéresse pas, il s'endort. Si je mets un sujet de conversation sur le tapis, un événement mondial, un livre que je lui avais donné à lire et auquel il s'était intéressé, une nouvelle concernant les enfants, il me répond de façon laconique – il serait peut-être plus bavard quand il s'agit de nos petits-enfants mais ce sujet là aussi tourne court... On pourrait voyager. J'aimerais beaucoup découvrir des pays qui piquent ma curiosité. C'est une aspiration que j'ai toujours eue mais je la savais peu raisonnable quand nous avions la charge des enfants. Aujourd'hui, c'est devenu possible, et je pense que cela nous changerait les idées. Nous pourrions très bien, matériellement, participer à un ou deux voyages organisés chaque année. Il ne veut pas. Il dit que nous sommes très bien chez nous, qu'il doit s'occuper du jardin tous les jours. Et que ferions-nous du chien ? De le voir ainsi, complètement indifférent à mes idées, cela me révolte ; je m'étais fait une idée beaucoup plus heureuse de la retraite à deux. Je déchante. Je n'ai jamais connu une solitude aussi pénible* [1]*."*

Pour d'autres, par contre, devenir grand-mère ou grand-père stimule leur sentiment d'utilité. Bien des grands-mères gardent leurs petits-enfants, pour peu qu'ils n'habitent pas trop loin ! Et les grands-pères savent aussi être là quand le fils ou le gendre a besoin d'un coup de main pour bricoler, ou jardiner.

Autrement dit, le départ des enfants (s'il n'est pas synonyme de rupture totale de relations) ne constitue pas une perte trop traumatisante, surtout si elle est comblée par l'arrivée de petits-enfants.

On perd bien sûr son rôle de parents (dans le sens éducateur) pour endosser celui de grands-parents.

---

(1) Témoignage rapporté dans le Hors Série **Vaincre la solitude** de la revue **Notre Temps**.

Les modifications biologiques et physiques

Dans le chapitre 2 : *"Etre vieux"*, on a relevé quelques signes biologiques (ou physiologiques) du vieillissement :

– la vue et l'ouïe peuvent se modifier,

– la force musculaire diminue,

– les déplacements deviennent plus lents, puis plus difficiles, etc.

En conséquence, les visites chez les amis se raréfient. Eux-mêmes éprouvent des difficultés pour venir voir leur ami... Et puis les rencontres sont souvent fatigantes car il faut faire des efforts pour entendre et pour voir...

En plus de cela, les cheveux blanchissent, la peau se ride, se flétrit, on prend du poids...

C'est notre propre image, celle qu'on veut donner aux autres, qui du coup est modifiée. Notre corps change, vieillit, et ceci aux yeux de tous ! C'est d'autant plus difficile à accepter que notre société voue un culte exagéré à la jeunesse et à tout ce qui l'entoure. La personne âgée, elle-même, a intégré ces valeurs (tout ce qui est jeune est beau et bien) et a tendance parfois à se déprécier. Elle estime qu'elle n'a plus à plaire, ni à séduire...

D'ailleurs, à partir d'un certain âge, on ne parle plus d'hommes ou de femmes, mais de personnes âgées, comme des êtres "asexués" (sans sexe) ; comme si, parce qu'on est vieux, on n'avait plus le droit d'avoir de sexualité !

Pourquoi nier et refuser à tout prix une sexualité à l'homme ou la femme âgés sinon, là encore, pour mieux les différencier de nous ! *"Les véritables obstacles à une vie sexuelle pour les personnes âgées ne sont pas d'ordre physiologique. Ils sont démographiques, sociologiques et psychologiques* [(1)]*."*

Démographiques, parce qu'il y a beaucoup plus de femmes au-delà de 80 ans que d'hommes ! Sociologiques parce que la société considère la sexualité des anciens comme un tabou. Psychologiques enfin, parce que les personnes âgées, elles-mêmes, pensent que *"ce n'est plus de leur âge"* et elles ont parfois aussi peur de l'échec ! Mais ce n'est pas parce qu'on est vieux qu'on n'a plus envie de mots doux, de gestes tendres... D'ailleurs, pour l'OMS (Organisation mondiale de la santé) *"la sensualité – au même titre que la santé et la sécurité – est un des éléments de la qualité de vie des personnes âgées"*.

Malgré les idées reçues, on peut faire l'amour et éprouver du plaisir à des âges très avancés ! Le désir n'a pas d'âge. On peut être amoureux à 90 ans comme à 20 ans !

---

(1) Dr Pierre Guillet, **L'aventure de l'âge**, *op. cit.*, p. 154.

Joséphine (94 ans) ne dit pas autre chose quand elle évoque Emile, 80 ans, qui est tombé amoureux d'elle il y a deux ans : *"Vous savez, quand je sais qu'il va venir, mon cœur bat comme quand j'avais dix-huit ans* [1]*"*.

Et c'est de cela qu'ont besoin beaucoup de vieilles personnes : de compter pour quelqu'un en particulier, d'éprouver des émotions, des sentiments, de la tendresse... Elles ont aussi besoin d'être touchées.

Et c'est finalement ce qui manque le plus à de nombreuses personnes âgées. Le toucher est un moyen de communication très important et d'autant plus que les autres (la parole essentiellement) semblent défaillants. C'est important de se rappeler cela, à chaque fois qu'on est amené à faire la toilette d'une personne âgée... Chacun de nos gestes, chacun de nos regards vont pour la personne signifier des choses. Une directrice de maison de retraite parlait de "bisou-thérapie" ! Pour dire combien ce contact était réconfortant pour la personne âgée.

La mort du conjoint et des proches

La mort du conjoint est sûrement l'une des épreuves les plus difficiles à traverser. Celui ou celle qu'on aime et avec qui on a partagé 30, 40 ans, voire plus, de sa vie, n'est plus. Le conjoint restant ressent une véritable déchirure, quelque chose se casse, certains parlent "d'amputation", c'est une partie d'eux-mêmes qui meurt... *"Le décès de l'épouse, de l'époux contient en lui-même de multiples autres pertes. La sécurité, la joie, la présence d'un partenaire, de quelqu'un avec qui les décisions pouvaient se prendre, tout cela disparaît avec l'être aimé* [2]*."*

Beaucoup de veufs et de veuves mènent à terme leur travail de deuil et peuvent de nouveau vivre, mais d'autres, et notamment peut-être des personnes âgées, gardent en eux une plaie qui ne se cicatrise pas. Seul le passé, quand ils étaient encore ensemble, a de l'importance.

---

(1) Dr Pierre Guillet, **L'aventure de l'âge**, *op. cit.*, p. 156.

(2) Rosette Poletti, Barbara Dobbs, **Vivre son deuil et croître**, Jouvence, 1993, p. 78.

En plus du départ du conjoint, les amis du même âge disparaissent progressivement... Et parfois, en une ou deux années, ce sont deux, trois amis qui quittent la vie. Les relations des vieilles personnes ont donc tendance à s'amenuiser. Témoin cet homme très âgé qui, non sans humour, remarquait : *"C'est drôle ! Je vais dans les rues, je vois beaucoup de monde, mais je ne connais presque personne. Par contre, quand je vais au cimetière, je regarde à droite et à gauche : je les connais tous !"*

La génération à laquelle appartient cet homme est en train de disparaître. Il en est l'un des derniers représentants. Comment ne pas éprouver alors un profond sentiment de solitude, d'abandon ? Une certaine peur aussi : *"Le prochain, ce sera moi !..."*

Les deuils se succèdent, parfois de manière rapprochée. Et il est vraisemblable que chaque nouveau deuil réactive le (les) précédent(s).

Le relogement et l'entrée éventuelle en institution

Lorsque la maison est devenue trop grande pour la personne, il arrive que celle-ci souhaite une demeure plus petite qui demande moins d'entretien, elle change de domicile, se rapproche du bourg...

Et puis, lorsque la solitude devient insupportable, ou bien lorsqu'elles ne se sentent plus vraiment en sécurité chez elles, ou bien encore lorsque les enfants ont peur pour elles, les personnes âgées entrent en établissement. Dans la majorité des cas, les personnes savent bien que c'est pour le reste de la vie... Quitter son domicile équivaut à un abandon du passé, de tout ce qui a fait la vie d'avant. Cette maison dans laquelle on a vécu 30-40, ans peut-être plus encore, cette maison qui a vu naître et grandir les enfants, il faut la laisser, la quitter... *"L'entrée en collectivité constitue un événement grave*[(1)]*."*

D'autant plus si on n'y est pas préparé. Comme cette femme de plus de 80 ans qui apprend que ses enfants lui ont trouvé un appartement dans un foyer logement à plus de 50 km de la commune dans laquelle elle a toujours vécu, et qu'elle va y entrer dans deux semaines ! Comment ne serait-elle pas déstabilisée, perturbée, angoissée ?... Quel déracinement pour cette femme qui n'a jamais souhaité vivre et finir sa vie si loin !

Par contre si les personnes se préparent longtemps à l'avance, décident elles-mêmes de leur entrée en institution, leur intégration en sera facilitée.

Conscient de la difficulté psychologique pour une personne âgée à entrer en établissement, le personnel sera attentif à cette personne et lui permettra de franchir ce passage difficile.

> Un membre du personnel d'une maison de retraite raconte ainsi l'arrivée de M. et Mme X :
>
> Chaque cas d'arrivée est unique, et même si la famille proche fait défaut, il y a tout un réseau de relations qui se crée afin d'assister et d'aider matériellement et humainement aux préparatifs de départ.
>
> C'est le cas d'un couple qui vient d'arriver à notre maison de retraite. Lui a 80 ans, elle 76. Ils ont une fille, mariée, avec laquelle les relations sont rompues depuis 20 ans. Seul lien familial restant : une petite-fille, infirmière à Paris, qui leur téléphone une fois par semaine et qui se préoccupe de leur situation.
>
> M. et Mme X habitent dans le marais, loin du bourg. Ils désiraient rester chez eux le plus longtemps possible mais, devant le handicap progressif de Mme X et sur les conseils de voisins et d'amis, ils s'inscrivent dans plusieurs maisons de retraite en excluant toutefois celle de leur commune.

(1) Hélène Reboul, *op. cit.*, p. 187.

Depuis plusieurs années, Mme X est gravement atteinte des hanches. Elle se déplace péniblement en s'aidant de cannes anglaises. Il y a trois mois, suite à un accident vasculaire cérébral, elle est hospitalisée.

Pendant son absence, M. X tombe et se casse quatre côtes.

Des amis l'hébergent, en attendant une solution stable pour lui et sa femme. Mais où aller ? Aucune des maisons où ont été faites les demandes ne peut les recevoir dans l'immédiat.

Par l'intermédiaire de sa sœur qui vient à la maison de retraite et nous expose l'urgence de la situation, M. X apprend qu'une chambre à deux lits pourrait être rapidement libre. Il s'empresse d'y venir voir. Il trouve un accueil chaleureux de la part des résidents qui, pour la plupart, le connaissent, et du personnel qui lui propose le goûter.

De plus, il semble satisfait de la chambre disponible, et il est pressé d'arriver, d'autant plus que sa femme est sortante de l'hôpital et qu'il faut rapidement trouver un lieu d'accueil.

Une visite à l'hôpital s'impose pour savoir si Mme X est, elle aussi, désireuse d'entrer à la maison de retraite.

Lorsque nous allons la voir, elle est déjà prévenue. C'est avec résignation mais heureuse que Mme X dit à la directrice venue la voir : *"Vous m'acceptez, donc ma tête vous plaît."*

La décision est prise et l'hôpital, sur notre demande, accepte de garder Mme X quelques jours de plus pour permettre la réfection de la chambre.

Les amis viennent aider à faire l'aménagement avant l'arrivée de Mme X.

M. et Mme X sont arrivés. Peu à peu, ils recréent leur cadre familial. Chaque jour apparaissent dans la chambre quelques nouveautés : buffet, linge, photos.

Ces objets leur rappellent la maison du marais qu'ils ont quittée. Nous acceptons leurs initiatives et nous nous réjouissons du dynamisme qui les fait vivre.

M. et Mme X ne se sentent pas isolés, ils ont beaucoup de visites ; malgré cela, il nous faut être discrètement attentives pour les accompagner encore longtemps dans ce passage difficile à franchir.

Le travail de deuil

Tous ces bouleversements constituent des pertes profondes plus ou moins traumatisantes. Perdre les êtres aimés, quitter son foyer, perdre son emploi et la place qu'on occupait dans la société, perdre la santé... s'accompagne inévitablement de chocs profonds, de crises plus ou moins durables. Le problème alors est de sortir de cette crise, c'est-à-dire ne pas se laisser dominer par toutes ces pertes. Il faut se libérer de ce qu'on a été pour jouir autant que possible de la vie qui nous reste.

Autrement dit, il s'agit, pour la personne qui est confrontée à une perte, de parvenir à accepter sa nouvelle situation dans une certaine sérénité, afin de devenir capable de "vivre" à nouveau, une vie peut-être diminuée par rapport à ce qu'elle était avant, mais une vie aussi pleine que possible. Toute perte est un deuil. Le problème, c'est qu'il faut faire son deuil de telle ou telle perte. Ce n'est jamais facile et certaines personnes ont besoin parfois d'être accompagnées, d'être aidées... car le temps n'apaise pas tout.

Le travail de deuil, c'est le processus d'adaptation aux différentes pertes qui surviennent dans la vie. Il y a des deuils plus ou moins difficiles à faire. Parfois, le deuil ne prend que quelques minutes, lorsque la perte est peu importante, d'autres fois, il prend des années.

Elisabeth Kübler-Ross nous a beaucoup éclairés sur les grandes attitudes qu'un être humain peut vivre quand il est confronté à la perspective de sa mort ou plongé dans une crise sérieuse [1].

Elle a décrit plusieurs attitudes :

Le choc, le déni

La première réaction quand on apprend une très mauvaise nouvelle, quand on subit une perte est le choc suivi immédiatement du déni [2] : *"ce n'est pas vrai", "ce n'est pas possible", "ils se sont trompés", "je ne peux pas y croire"*...

Le choc sera d'autant plus intense que l'événement sera soudain, imprévisible. Le choc n'est en effet pas le même à l'annonce de la mort d'un ami gravement malade que s'il s'agit d'un ami décédé par accident. Dans le premier cas, l'ami gravement malade, le choc survient plutôt à l'annonce du diagnostic. De même, le passage à la retraite ne résonnera pas aussi fort chez celui qui aura eu l'occasion de s'y préparer vraiment. Et il en va de même pour l'entrée en institution. Plus il est possible d'anticiper un événement grave, c'est-à-dire de prévoir, de voir venir, et moins le choc sera important.

---

(1) Elisabeth Kübler-Ross, **Les derniers instants de la vie**, Labor et Fides, Genève, 1975.

(2) Déni : comportement qui consiste à nier la réalité d'une chose ou d'un événement.

Quelques heures, quelques jours après, la personne est encore sous le choc, elle sait ce qui arrive mais ne mesure pas forcément toutes les conséquences affectives et émotionnelles de cette perte. Toutefois, elle arrive à faire face à l'urgence (préparer les obsèques du conjoint décédé), à prendre les choses en mains, du moins dans un premier temps.

Protestation, révolte et colère

Protestation tout à fait compréhensible quand survient un événement qui vient déranger "nos prévisions". La personne a besoin d'exprimer sa frustration et sa colère.

Suite au décès d'un être très cher, la personne en veut à tout le monde : aux médecins qui n'ont pas fait tout ce qu'ils auraient pu faire (de son point de vue), à ceux qui veulent la consoler. Elle en veut aussi à la personne décédée de la laisser seule...

Cette réaction s'observe aussi chez les personnes âgées qui sont entrées en institution contre leur gré. Elles en veulent à leurs enfants, aux personnels, aux amis qui viennent parfois les visiter...

> Marie-Madeleine travaille depuis 15 ans dans une petite maison de retraite. Elle apprend qu'une de ses voisines, Mme A va entrer dans cet établissement. Elle dit à sa directrice : *"Nous avons de la chance ! C'est une bonne personne !"*
>
> Or, à peine entrée, Madame A l'agresse, l'accuse de vol, la traite de tous les noms... Marie-Madeleine, stupéfaite et blessée à la fois, proteste, essaie de se justifier... mais rien n'y fait.
>
> Un jour qu'on réfléchit sur l'attitude de révolte, pour Marie-Madeleine, c'est l'illumination : *"Je comprends l'attitude de Madame A. Elle ne voulait pas entrer en maison de retraite : ce sont ses neveux – sa seule famille – qui l'ont placée là. Entrée malgré elle, elle ne pouvait rien, ni contre la maison, ni contre ses neveux qui habitent loin. Alors, elle s'en est prise à moi..."*

Pour l'aidant, il s'agit d'être en mesure d'être le confident car cette étape est nécessaire pour que la personne puisse libérer ses sentiments.

La tristesse, le chagrin, la dépression

C'est l'expression de la tristesse causée par la perte. De nombreux personnels d'établissement ont observé ce "creux de la vague" chez les nouveaux résidants. L'enthousiasme, ou à défaut l'agitation, des premiers jours laisse place à l'ennui, la lassitude, les regrets... *"Si j'avais su, je n'aurais jamais cédé..."*

Devant une situation à laquelle nul ne peut rien, la personne vit une phase difficile qui la pousse souvent à se refermer sur elle-même. Elle n'a "goût à rien". Certaines vivent un désespoir profond qui leur fait même envisager le suicide. La vie n'a plus d'intérêt.

A cette étape, la personne a énormément besoin de soutien, d'affection, de compréhension afin de ne pas s'engluer dans cette phase de dépression.

L'acceptation et l'adaptation

Les émotions ont pu s'exprimer, la personne commence à consentir à la perte. Ce ne sera plus jamais comme avant ! La personne intègre cette perte, la douleur s'estompe. Elle retrouve une certaine énergie, l'espoir renaît. De nouveau, elle éprouve du plaisir à vivre, à rencontrer des amis, à s'investir dans une activité... Elle accepte que les morts ne reviendront pas dans ce monde, qu'elle vivra vraisemblablement le reste de ses jours dans une institution... C'est accepter qu'elle vieillisse, et qu'elle se rapproche de sa propre mort...

Mais accepter, ce n'est pas se résigner, ce serait plutôt s'adapter à cette nouvelle situation. "La personne s'organise autour d'un nouveau style de vie qui lui permet de vivre au moment présent, d'investir dans de futurs projets et même de rechercher des expériences gratifiantes(1)". Des études ont montré que, contrairement à certaines idées reçues, les capacités d'adaptation ne sont pas liées à l'âge.

Grandir, vieillir, c'est donc à la fois gérer les pertes auxquelles on est confronté et continuer de faire des projets, de nourrir des espoirs...

En bref...

Les personnes âgées n'ont pas une psychologie particulière, aux caractéristiques spécifiques. Cependant, elles sont peut-être confrontées plus que d'autres à des pertes rapprochées (retraites, départ ou décès des proches...) aux retentissements psychologiques plus ou moins profonds.

Face à ces pertes, les personnes âgées ont un travail de deuil à accomplir. Ce travail ne se fait pas en un jour. Il est fait de passages difficiles, voire douloureux, mais nécessaires, pour devenir capables de vivre à nouveau le plus pleinement possible.

---

(1) Jean Vezina, Philippe Cappeliez, Philippe Landreville, **Psychologie gérontologique**, Ed. Gaëtan Main, p. 236.

Chapitre 4

Partir des besoins

"Ventre affamé n'a pas d'oreilles."

(Proverbe)

Aider les vieilles personnes à vivre, cela suppose, de la part de l'aidant, **d'être attentif à tous leurs besoins**. Mais le terme même de besoin est ambigu. En effet, souvent, trop souvent, on se dit avant d'intervenir auprès d'une personne âgée : *"Ce matin, il faut que je fasse ceci et puis cela..."* au lieu de se demander *"de quoi Mme Untel a-t-elle besoin ce matin ?"* Autrement dit, nous essayons de répertorier l'ensemble des tâches que nous pouvons avoir à réaliser dans la journée. Nous partons de nous, de ce que nous croyons avoir à faire, nous pensons à notre emploi du temps. Mais quels sont les véritables besoins des personnes que l'on veut aider ? Est-ce toujours que leur maison ou leur chambre soit très propre ? ou parfois leur besoin n'est-il pas plutôt de parler et d'être écoutées ?...

> Mme B, très timide, vient souvent s'allonger dans la pièce où l'aide à domicile repasse. Celle-ci n'y voyait pas d'inconvénients, le principal pour elle étant de faire le repassage.
>
> C'est seulement au bout de plusieurs mois que l'aide à domicile a pris conscience du **besoin de relation** de Mme B. Elle a alors pris le temps d'écouter Mme B qui avait tellement besoin de confier ses angoisses à propos de sa santé ! En écoutant vraiment, l'aide à domicile a aussi perçu le sentiment de solitude de Mme B. Les interventions suivantes laissaient une large part à l'échange et surtout à l'écoute de Mme B. Petit à petit, Mme B a pu exprimer son désir de sortir. Elles vont désormais une fois par mois faire les courses ensemble !

Autrement dit, les tâches qu'on fait – censées être des réponses aux besoins de la personne – ne sont pas forcément celles qu'elle attend.

Cette démarche qui s'obstine à partir des besoins des personnes (et non des réponses que nous pouvons apporter) fait désormais partie intégrante de la formation des personnels soignants et des accompagnants.

Autre difficulté : on a tendance à confondre le besoin et la demande. On n'a pas toujours tort. Normalement, en effet, la personne exprime son besoin par une demande. Mais il y a des demandes qui ne correspondent pas à de vrais besoins, telle la demande de confiserie chez les enfants, par exemple. Il se peut d'ailleurs qu'une telle demande cherche à exprimer un besoin plus profond: de relation, d'affection... Souvent, derrière des demandes qui peuvent paraître incongrues, se cachent des besoins profonds difficiles à dire car, pense-t-on, ce ne serait pas convenable ! Aux aidants, donc, **de décoder les demandes** verbales et parfois même des comportements particuliers. Comment comprendre cette vieille femme dépressive qui demande systématiquement à l'aide à domicile, qui est sur le point de partir, de porter son assiette sale dans l'évier ? *"Comme un caprice"*, telle fut la réaction première de l'aide à domicile ! Bien sûr que non ! Cette femme souffre de solitude et éprouve un sentiment d'abandon à chaque fois que l'aide à domicile (sa seule visite) s'en va...

Ou bien, une demande peut parfois correspondre à des besoins divers et donc appeler des réponses différentes. Ainsi, par exemple, en établissement, la sonnette signale que Mme Untel a besoin de quelque chose. Elle demande à faire pipi mais, en réalité, son besoin est bien plus de voir quelqu'un, elle est seule dans sa chambre et elle s'ennuie. La réponse à apporter sera donc double : à la fois satisfaire son besoin d'éliminer et surtout être là, parler et écouter...

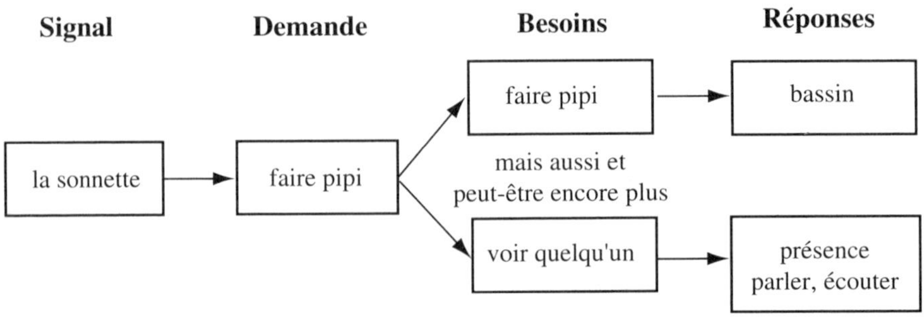

Par ailleurs, il y a des besoins qui ne s'expriment pas du tout. Rares, en effet, sont les personnes âgées qui vont demander à boire. Pourtant, boire est un véritable besoin, et s'il n'est pas suffisamment satisfait, cela peut avoir des conséquences dramatiques (déshydratation).

Finalement, donc, **le besoin ce n'est pas seulement ce qui me manque mais aussi et surtout ce vers quoi je suis tendu**. Le besoin c'est ce qui meut profondément la personne vers tel objet, telle personne ou telle activité. **Le besoin est une manifestation du désir d'être.**

Abraham Maslow, psychologue américain, a recensé et clarifié de façon exhaustive l'ensemble des besoins de l'homme. Il les classe en 5 catégories, et les expose en forme de pyramide. L'étage du bas est bien sûr le plus large, c'est sur lui que repose l'ensemble de la pyramide. Sa disparition entraînerait l'écroulement des autres étages.

La pyramide des besoins (A. Maslow)

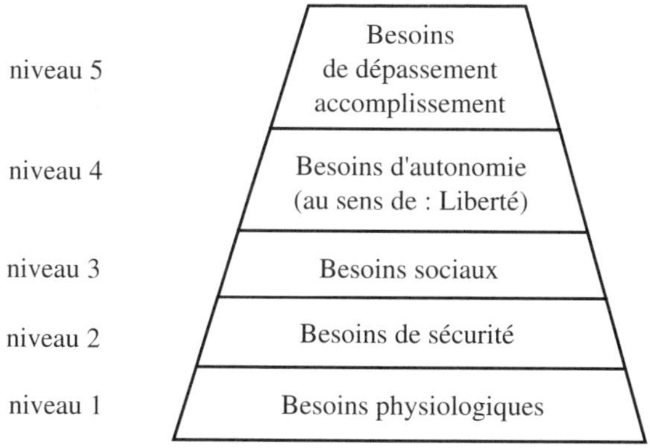

Les besoins physiologiques

- Se nourrir (manger, boire)
- Eliminer
- Respirer
- Dormir, se reposer
- Se mouvoir, marcher
- Hygiène (en tant que condition de santé)
- Température convenable (avec ou sans vêtements)
- Etre en santé
- Ne pas souffrir
- Rire, pleurer (en tant qu'activité physique)
- Avoir des contacts physiques.

Les besoins physiologiques sont fondamentaux. Nous savons tous que si nous négligeons l'un ou l'autre de ces besoins, cela aura des conséquences sur notre santé. Après une nuit blanche, on n'est pas spécialement en forme !

C'est pour cela qu'ils sont à la base de la pyramide. S'ils ne sont pas satisfaits – du moins en partie – la personne ne peut pas accéder à un autre niveau de besoins. Si nous voulons aider une personne qui souffre physiquement d'un mal, on doit s'obstiner à réduire réellement cette souffrance par un calmant, et non pas en lui parlant de ses dernières vacances pour lui changer les idées !

Puisque ces besoins sont si importants, il est normal que la plus grande partie du temps soit consacrée à la réponse à ces besoins.

Revenons quelques instants sur le **besoin d'éliminer**. Tous ceux qui travaillent auprès de personnes âgées ont observé des problèmes de constipation pour beaucoup d'entre elles. Hélène Reboul, lors d'une conférence devant des aides à domicile, expliquait : *"Les personnes âgées ont des problèmes de constipation, problème de rétention lié au vieillissement, lié au fait que la vieillesse est considérée comme perte, donc la constipation, c'est essayer de garder des choses, symboliquement, alors qu'on vit la notion de perte. C'est aussi lié à cette notion de fragilité, la personne âgée est centrée sur elle, donc toujours préoccupée de ses éliminations et c'est pour ça que boire beaucoup est important, ça facilite l'élimination."*

Le **besoin d'hygiène** mérite également qu'on s'y arrête un peu. La propreté selon les normes actuelles – celles qu'on veut imposer – est très éloignée de ce que beaucoup de personnes âgées ont connu pendant toute leur vie. Et cela entraîne parfois des incompréhensions entre les personnes âgées et les personnels. Ces derniers insistant pour que telle personne prenne une douche alors que la personne certifie qu'elle n'est pas sale puisqu'elle n'a rien fait de la journée ! N'oublions pas que la douche quotidienne est une invention récente. Ceci dit, aujourd'hui, être propre, ne pas sentir mauvais, est une condition pour être accepté dans la société et cela est encore plus vrai quand on vit en institution. Alors, dans ce cas, cherchons à rendre le moment de la toilette le plus animé possible (cf. chapitre 14 sur l'animation).

Les besoins de sécurité

Il s'agit ici du sentiment de sécurité propre à chacun. L'un ne se sentira en sécurité chez lui que si sa porte est fermée à clé à double tour, ses volets clos... alors qu'un autre ne se sentira nullement menacé toutes portes ouvertes...

De même, certaines personnes âgées accepteront volontiers les barrières à leur lit *"pour être sûres de ne pas tomber et donc de passer une bonne nuit"* tandis que d'autres se sentiront, non pas sécurisées, mais enfermées, prisonnières. On peut alors se demander si mettre des barrières à un lit, attacher quelqu'un sur son fauteuil ne sont pas des actes qui répondent plus à notre propre besoin de sécurité plutôt qu'à celui des personnes âgées elles-mêmes.

On peut distinguer trois niveaux de besoins de sécurité.

- Le **besoin de sécurité économique :** savoir qu'on a suffisamment pour vivre. *"Sans sécurité, les hommes risquent d'être emprisonnés par une angoisse obsessionnelle, une peur des lendemains fondée sur l'expérience* *cruelle des méfaits des pénuries"* commentait M. Dagras (1). Cette peur de manquer, de ne pas avoir suffisamment pour subvenir à ses besoins est parfois très forte chez les personnes âgées qui ont de la peine à ne pas confondre anciens et nouveaux francs. C'est aussi dans ce sens qu'il faut comprendre les personnes qui font beaucoup de réserves (pain, beurre...), elles amassent un capital vie...

- Le **besoin de sécurité physique :** la peur de tomber est souvent présente chez les personnes qui ont quelques difficultés à se déplacer. Le déambulateur ou la canne peuvent être très sécurisants, parfois le bras d'un membre du personnel ou de la famille... Mais tel membre du personnel, un peu frêle, peut être perçu par telle vieille personne comme incapable de l'empêcher de tomber, même si c'est tout à fait faux.

- Le **besoin de sécurité psychologique**, le besoin de se sentir rassuré, de ne pas avoir peur, de ne pas se sentir perdu... Tous les repères qui jalonnent notre emploi du temps ont pour fonction de nous sécuriser. C'est sans doute très angoissant de ne plus savoir quel jour on est, si on est avant ou après midi, de ne plus pouvoir retrouver sa maison, sa chambre...

Lorsqu'on veut aider des personnes âgées, la tendance est trop souvent à la surprotection. On cherche à tout prix à éliminer tout risque. Or, le risque fait aussi partie de la vie humaine. N'avoir aucun risque, est-ce encore vivre ? Quel est le dosage opportun entre risque et sécurité ? Sans doute n'y a-t-il pas de réponse unique à cette question. L'attitude appropriée dépend de la

---

(1) Michel Dagras, conférence publiée dans **La lettre** n°82, p. 65.

personne, mais aussi du moment, du contexte, de la relation... Et, à ce propos, C. Herfray nous met en garde : *"Idée généreuse s'il en est, qu'il faut protéger nos aînés, les protéger à tout prix, fût-ce à l'encontre de ce qu'ils peuvent exprimer de leur volonté... Au nom de tous les risques que nous redoutons qu'ils prennent, nous en venons à prendre toujours plus de pouvoir sur nos aînés*[1]*."*

Les besoins sociaux

L'homme ne peut vivre tout le temps seul. Il a besoin de relation, de communiquer, d'être avec d'autres[2]... Comme le soulignait F. Dolto, l'enfant, pour se construire et se développer, a autant besoin de paroles que de lait. Et s'il fallait encore nous convaincre de l'importance de ce besoin de relation, il suffit de se rappeler que tous les jours des hommes et des femmes meurent de solitude.

Les besoins sociaux recouvrent plusieurs types de besoins :

- Le **besoin d'information :** être informé sur le monde dans lequel on vit, être au courant de ce qui se passe dans le bourg, ou le quartier (surtout si on ne peut plus s'y rendre), avoir des nouvelles des siens... Sans ces informations, on est vite coupé du monde. Ce besoin peut avoir de la peine à trouver satisfaction chez certaines personnes âgées. En effet, elles ont parfois moins de relations soit parce que leurs proches sont décédés, soit parce qu'elles ne peuvent plus tellement sortir de chez elles. Il leur est donc difficile de s'informer, comme cette vieille femme de 89 ans, pratiquement sourde, qui passe sa matinée entière à décortiquer le journal local auquel elle est abonnée. Les problèmes d'audition sont très souvent à l'origine du repli des personnes dans leur univers et de leur sentiment de solitude. Parfois, ce besoin d'information sera aussi frustré car l'entourage aura décidé de cacher, sous prétexte de protéger la personne âgée, telle ou telle information familiale...
- Le **besoin d'appartenir à un groupe :** se sentir membre d'un groupe, que ce soit la famille[3], un groupe d'amis, un club... Ce besoin est mis à mal dès lors qu'on déménage pour s'en aller dans une autre ville ou un quartier inconnu... Mais aussi quand on ne peut plus se rendre aux réunions du club, ou quand on ne peut plus visiter ses amis (ou sa famille) et que ceux-ci ne peuvent pas non plus venir nous voir... Sentir qu'on n'appartient plus à aucun groupe, avoir le sentiment de ne plus avoir sa place dans un groupe, est particulièrement bouleversant, perturbant même, en tout cas difficile à vivre.

---

(1) C. Herfray, **La vieillesse, une interprétation psychanalytique**, Epi, Desclée de Brouwer, 1980.

(2) Cf. Le chapitre 10, "Communiquer avec des personnes vieillissantes".

(3) A ce sujet, lire le chapitre 8, "Famille".

- Le **besoin d'affection :** aimer et être aimé. Compter pour les autres, ou au moins pour quelqu'un, est très important, c'est une raison de vivre.
- Le **besoin de s'exprimer** et donc **d'être écouté :** pouvoir parler, échanger, converser, exprimer son avis, dire ce qu'on pense... Les conseils d'établissement sont une tentative de réponse à ce besoin. Ils se doivent d'écouter les avis des résidents.

Mais ces besoins de relation sont très différents d'une personne à l'autre : l'une aura besoin de beaucoup parler, une autre se contentera d'être là, présente avec les autres, sans paroles...

Les besoins d'autonomie

Il s'agit ici de **l'autonomie au sens de liberté :** être à soi-même sa propre loi, pouvoir décider par soi-même... Ainsi donc, une personne peut être à la fois dépendante (sur le plan physique) et parfaitement autonome (sur un plan psychologique). La collectivité a tendance naturellement à bafouer les libertés individuelles. Pourtant, comme le proclame avec force Paul Paillat : *"La liberté a sa place même en collectivité et la part d'autonomie, de vie personnelle, que respecte l'institution, est l'indicateur le plus significatif de la qualité de vie, au-delà des handicaps qui, de toute façon, entravent aussi la liberté de la personne vivant chez elle ou en famille. Cette part d'autonomie n'est pas seulement une question de m² disponibles ou de cloisonnement de l'espace au sein de l'établissement. C'est la possibilité de recréer son monde, son univers propre. C'est aussi une réaction de dignité pour celui ou celle qui souffre psychiquement de constater sa détérioration*(1)*."*

Le besoin d'autonomie recouvre également **le besoin de se sentir estimé, reconnu**. En ce qui concerne les personnes vieillissantes, cela nous renvoie forcément à la question du début de ce livre : quel regard portons-nous sur la vieillesse ? sur les personnes âgées en général et sur telle personne en particulier ?

Dans cette rubrique également, on peut retrouver **le besoin de se sentir utile**, de servir à quelque chose, à d'autres. Une vieille femme, hébergée chez sa fille, tricotait des couvertures qu'elle confiait à sa fille pour le Secours catholique. Or, la fille détricotait les couvertures, refaisait les pelotes de laine et redonnait à sa mère de quoi tricoter. Lorsqu'elle apprit le manège de sa fille, la mère s'est arrêtée de tricoter. Elle ne tricotait pas seulement pour s'occuper, comme le croyait sa fille, mais surtout pour que ses couvertures servent à d'autres. Et c'est vrai que dans de nombreuses situations, les personnes retraitées sont condamnées à ne faire que recevoir. *"Je ne sers à rien, je ne suis utile à personne"* entend-on parfois de la bouche de vieilles personnes.

---

(1) P. Paillat, "La liberté a sa place même en collectivité", in **Gérontologie et Société** n° 73, 1995.

Comment leur montrer qu'elles apportent quelque chose à la société et à nous qui sommes à leur côté[1] ?

(1) Voir par exemple le colloque **Retraite active, Retraite utile**, novembre 1993, Angers.

Je suis âgé et en fin de vie j'ai toujours besoin de me sentir utile

Lettre aux soignants du C.H. de R. – février 91

Mis en forme par J. Musset – Nantes[1]

Il m'arrive de me sentir inutile pour de multiples raisons.

Ne pouvant plus travailler ou n'exerçant plus d'activité professionnelle depuis des années, j'ai le sentiment de n'être plus rentable socialement.

Hospitalisé durant des semaines et des mois, en situation de dépendance de plus en plus grande, je me sens à charge vis-à-vis de la société et de ma famille. *"Je coûte cher, m'arrive-t-il de dire, je donne bien du souci à mes enfants !"*

Paralysé par mes handicaps et mes pertes d'autonomie, je ne peux plus comme auparavant rendre à ma famille les services qui me gratifiaient. Je me sens bon à rien.

Enfin, ce qui m'est particulièrement dur, c'est de voir mes proches s'éloigner de moi, ne plus oser m'approcher ni m'embrasser en raison de mon état de délabrement physique, de mon amaigrissement, de l'odeur que je peux dégager : je me sens comme de trop au sein même des miens !

S'il vous plaît, écoutez et comprenez ma souffrance, et aidez-moi à me sentir utile jusqu'à ma mort.

Tout ce que je peux encore faire et réaliser, valorisez-le : les tricots pour mes enfants et petits-enfants, la peinture qui me passionne, la chorale et les jeux auxquels je participe, l'aide que j'apporte à d'autres malades pour se déplacer ou pour manger ; en tout cela, encouragez-moi, et n'hésitez pas à me solliciter pour tel ou tel service que je peux vous rendre.

Ecoutez-moi vous raconter ce qui, pour moi, a eu de l'importance dans ma vie : mon métier, ma famille, les événements marquants de mon existence, mes passions et centres d'intérêt. Si vous me donnez la parole dans le journal de l'hôpital et que j'y voie mon nom, alors je me sentirai exister et valorisé.

Acceptez de vous laisser enrichir par mon savoir-faire : je pourrai vous enseigner ce que je sais (par exemple des recettes de cuisine), de même que j'ai plaisir à transmettre aux miens les "dons" dont je suis dépositaire.

Enfin, dites-moi, si c'est le cas, que ma façon de réagir, mon courage, ma sérénité face à la mort vous font du bien et vous réconfortent.

Ainsi, loin de désespérer, ma vie gardera du sens jusqu'à son terme parce que je me sens utile pour d'autres humains, non seulement par ce que je fais, mais par ce que je suis.

---

(1) A partir d'un travail réalisé au cours d'un stage.

Les besoins d'auto-réalisation, d'épanouissement

Il s'agit ici, pour l'homme, de **se réaliser** lui-même**, de trouver un sens à sa vie**. Cela peut être à travers la famille, le travail, une passion, la foi...

On peut retrouver à ce niveau des éléments des niveaux inférieurs, dans la mesure où ils peuvent donner sens à leur vie. Par exemple, se sentir valorisé (niveau 4), ou la famille (niveau 3) peuvent combler la vie de quelqu'un, faire que cette personne ait le sentiment d'avoir réussi sa vie.

Donner un sens à sa vie, ce peut être un problème pour tout être humain, à n'importe quel âge. Y compris pour nous. Mais peut-être particulièrement dans le grand âge : comment "remplir" sa vieillesse ?

"Je voudrais mourir" : une personne âgée (ou très âgée) qui dit cela ne souhaite pas forcément le contraire de la vie. Elle peut avoir le sentiment d'avoir fait son temps et souhaiter arriver au bout de sa vie.

Prendre en compte chaque niveau de besoin

A. Maslow n'a pas construit cette pyramide à partir d'observations de malades ou de personnes âgées. Non, cette pyramide des besoins s'applique à tout être humain. Mais, s'ils sont fondamentalement les mêmes pour tous, les besoins se manifestent de manière singulière chez chacun.

Ceci dit, cette pyramide obéit à quelques principes. Le premier, déjà évoqué un peu plus haut, rappelle que **les besoins physiologiques sont fondamentaux ;** s'ils ne sont pas satisfaits, la personne ne peut accéder à un autre niveau de besoins : *"Ventre affamé (niveau 1) n'a pas d'oreilles (niveau 3)"*. Et il en va ainsi de toutes les étapes de la pyramide. Les besoins d'un niveau supérieur ne deviennent conscients que lorsque ceux des niveaux inférieurs ont été totalement ou partiellement couverts.

Le second principe découle directement du premier. **Les besoins d'un niveau doivent être satisfaits à ce niveau**. Si une personne souffre de solitude, ce n'est pas en la gavant de nourriture qu'on satisfera son besoin de relation !

Enfin, il est important de remarquer qu'une même activité peut relever de plusieurs niveaux de besoins à la fois. Le repas, par exemple, satisfait la faim (niveau 1) mais aussi constitue un repère dans la journée (niveau 2), peut répondre dans certains cas à des besoins de relation (niveau 3) et enfin permet à la personne de manifester et satisfaire son besoin d'autonomie (niveau 4) en choisissant ce qu'elle veut manger (ou en refusant ce qu'on lui propose !). Il en va de même pour la toilette. Elle assure l'hygiène (niveau 1), elle permet aussi une relation importante (niveau 3), etc.

Les besoins des aidants

Des personnels de maison de retraite notent que travailler auprès des personnes âgées apporte les satisfactions suivantes :

- gagner sa vie ;
- avoir la santé ;
- contribuer à la propreté de la maison de retraite ;
- être accepté pour donner les bains (ça rassure de se sentir accepté par les personnes) ;
- être rassuré par le calme et la sérénité des personnes âgées ;
- se sentir utile ;
- se sentir aimé ;
- avoir un projet ;
- se réaliser à travers ce travail.

Il ne s'agit pas ici d'oublier, ni de minimiser l'objectif premier de l'aidant : repérer, pour y répondre au plus juste, les besoins des personnes âgées. Mais on ne peut pas non plus oublier, ni minimiser, que les personnels ou la famille ont également des besoins. Il n'y a pas d'opposition entre les deux, au contraire ! Plus les aidants trouveront des satisfactions dans leur intervention auprès des personnes âgées, plus ces dernières ont de chances de voir leurs besoins satisfaits !

Autrement dit, il ne faut pas forcément "s'oublier" quand on aide quelqu'un. Mais sans doute qu'une meilleure prise en compte de ses propres besoins et de ses propres motivations permettrait de mieux aider les personnes qui ont besoin...

En bref...

Les personnes âgées au même titre que chacun d'entre nous, ont des besoins à satisfaire pour vivre.

Pas seulement des besoins d'ordre physiologique (manger, boire, dormir...) mais aussi des besoins d'ordre psychologique (se sentir en sécurité, être en relation, être autonome et donner un sens à la vie).

Tous les besoins de l'être humain forment un ensemble qui associe le physique et le psychique, le tout étant indissociable.

Chapitre 5

Réponse aux besoins... et autonomie

"N'en faisons-nous pas trop ?"
(Des agents)

Qui peut répondre aux besoins des personnes ?

Les besoins présentés au chapitre précédent sont valables pour les personnes âgées, mais aussi pour chacun d'entre nous. Seulement, pour ce qui nous concerne, nous y répondons, ou tentons de les satisfaire, par nous-mêmes : Si nous avons faim, nous nous préparons de quoi manger... Encore faut-il ne pas oublier que nos aliments ont été récoltés ou fabriqués par d'autres !

De nombreuses personnes âgées, et en réalité c'est la grande majorité, répondent également par elles-mêmes à leurs besoins. Et c'est tant mieux ! Mais, parfois, certaines ont besoin d'une aide pour se laver, s'habiller, se préparer à manger... Ceux d'entre nous, qui ont été hospitalisés ou immobilisés pendant un temps, ont connu cette situation : avoir besoin de quelqu'un pour satisfaire l'un ou l'autre de ses besoins physiologiques. Peu, semble-t-il, ont véritablement apprécié cette situation, surtout si elle a quelque peu duré... On aspire à se débrouiller seul, par soi-même. De cette expérience, on peut déjà tirer une première règle fondamentale : permettre à la personne qu'on aide de faire le plus possible par elle-même.

Le rôle de l'aidant face aux besoins des personnes

Autrement dit, le tout premier rôle de l'aidant devrait consister à repérer la situation dans laquelle la personne âgée se trouve vis-à-vis de ses besoins. En fait, nous pouvons dégager cinq cas de figure qui correspondent à cinq niveaux de possibilités chez la personne et qui devraient impliquer cinq manières de réagir chez l'aidant.

1. **La personne peut répondre par elle-même à ses besoins :** dans ce cas, l'aidant laisse faire la personne et n'intervient pas. Cette première situation est bien sûr, et de loin, la plus satisfaisante. C'est toujours plus valorisant de se débrouiller seul que d'avoir recours à l'aide de quelqu'un. Permettre à une personne, même si elle a quelques difficultés, de pouvoir faire seule sa toilette, c'est lui reconnaître son autonomie. Parfois, celui qui aide peut être

tenté de faire à la place de la personne parce qu'il estime qu'elle ne va pas assez vite, ou le fait mal... Mais, à chaque fois, nous devons nous demander : qu'est-ce qui est le plus important pour la personne ?

2. **La personne ne peut pas répondre par elle-même à ses besoins physiologiques :** dans ce cas, l'aidant y répond à sa place.

Les besoins physiologiques ainsi satisfaits, la personne peut alors prétendre aux autres niveaux de besoins. Dans cette seconde situation, l'aidant doit être vigilant à respecter l'autonomie de la personne âgée. Elle ne peut plus s'habiller seule mais elle sait quelle robe elle veut mettre aujourd'hui, jour où ses enfants viennent lui rendre visite... Pourtant, si nous n'y prenons garde, et pour peu que notre propre besoin d'autonomie soit quelque peu frustré, nous avons vite fait de décider pour la personne : *"On sait ce qui est bien pour elle !"*

Dans ce cas, la relation entre l'aidant et l'aidé est déséquilibrée et celui qui aide risque d'abuser de son pouvoir. Prenant conscience de cela, des personnels d'une maison de retraite avouaient : *"Bien souvent, nos paroles sont des ordres ou des interdictions."*

Pourtant, certaines personnes semblent se satisfaire de cette situation de dépendance physique, elles se laisseront faire, choyer, materner... Le risque d'infantilisation est grand. C'est pourquoi, souvent, il faut se demander – en équipe quand elle existe – *"Est-ce que je n'en fais pas trop ? Est-ce que nous n'en faisons pas trop ?"*

3. **La personne peut en partie répondre à ses besoins physiologiques :** dans ce cas, l'aidant "aide à faire"...

Dans cette situation, l'aidant doit être extrêmement vigilant et respectueux de toutes les potentialités et capacités de la personne. Attention donc à ne pas trop en faire (c'est une dérive importante de faire à la place de la personne ce qu'elle peut encore faire, ex. : boutonner sa blouse, lui laver le visage...) et à ne pas non plus en demander trop à la personne (cela peut la mettre dans une situation d'échec particulièrement humiliante pour elle). En même temps, il faudra être vigilant quant à l'évolution de la personne. Elle peut avoir des difficultés à réaliser tel acte, mais elle peut aussi récupérer des capacités perdues.

4. **La personne peut répondre à ses besoins physiologiques mais elle a besoin d'être guidée :** dans ce cas, l'aidant stimule, fait faire...

C'est le cas, notamment, des personnes un peu perdues, désorientées, qui ne savent plus tout à fait ce qu'elles doivent faire... La situation est radicalement différente de la précédente puisqu'ici c'est l'aidant qui indique à la personne ce qu'elle peut faire. Ce fut notamment le cas pour cette vieille personne qui s'habillait sans se soucier de l'ordre ni du sens, si bien qu'elle pouvait avoir mis sa robe à l'envers et par dessus sa combinaison... Dans un premier temps, le personnel a décidé de l'habiller, de cette manière-là c'était bien fait et, en plus, vite fait ! Mais, un jour, un agent a préféré laisser la personne s'habiller, simplement il lui donnait les vêtements au fur et à mesure... Bien sûr, ça prenait un peu plus de temps, mais pour la personne, c'était vraiment important. Cela lui permettait de faire quelques gestes, de les coordonner...

Pour d'autres, cela leur permettra de garder quelques repères qui balisent leur journée, d'entretenir leurs capacités physiques, de prendre soin d'eux...

5. **La personne ne peut plus répondre par elle-même à ses besoins et ne semble pas non plus en mesure de savoir ce qui lui convient :** dans ce cas, l'aidant sera amené à la fois à satisfaire les besoins de la personne et à décider pour elle.

Mais, là encore, ne décidons pas trop vite, et acharnons-nous à faire exprimer les choix de la personne, à ne pas rompre la communication... (cf. chapitre 11 : "Communiquer avec les personnes démentes").

Finalement, les situations que nous avons mises en évidence sont fonction de l'autonomie et de l'indépendance des personnes, c'est-à-dire de leur capacité à décider et de leur capacité à faire. Spontanément, en effet, lorsque nous parlons d'autonomie, nous pensons autonomie physique, ou fonctionnelle. Mais c'est incomplet, l'autonomie dont nous parlons ne se réduit pas à cela. L'histoire de cette vieille personne va permettre de nous éclairer.

> Une femme âgée, très valide, se casse le col du fémur. D'un seul coup, la voici arrêtée, alitée, donc handicapée pour tout ce qui concerne ses déplacements, et dépendante des autres pour un bon nombre d'actes vitaux qu'auparavant elle assurait toute seule. Un des fils, fâché avec elle depuis longtemps... et surtout ayant de gros besoins d'argent, choisit ce moment-là pour demander à sa mère de faire donation de ses biens à ses enfants. La réponse ne se fait pas attendre : *"Entends-tu, mon gars : je me suis peut-être cassé une jambe, mais j'ai toute ma tête !"* Cette personne exprime ainsi, avec ses mots à elle, que si elle est devenue dépendante, au moins sous certains aspects et pour un certain temps, elle ne cesse pas du tout, ni un instant, d'être autonome.

Ou selon Gilbert Leclerc, gérontologue québécois, *"J'ai peut-être perdu mon autonomie fonctionnelle, mais pas mon autonomie profonde"*.

L'autonomie

L'autonomie ne s'oppose donc pas à la dépendance. On peut, comme la vieille dame, être à la fois dépendant et autonome. Et en y regardant d'un peu plus près, nous sommes tous dépendants : *"On dépend de l'air qu'on respire, de la nourriture qu'on absorbe, de l'affection de nos proches, de la société dans laquelle on vit*(1)*..."* Mais tout cela ne nous empêche pas d'être autonome : *"notre autonomie est faite d'un ensemble important de dépendances*(2)*"*, que nous assumons au mieux.

La dépendance est donc la situation de la personne qui a besoin d'aide pour les activités de la vie courante. A l'opposé, **l'indépendance, c'est la capacité de faire...**

L'autonomie se définit comme la capacité de diriger sa vie selon ses propres lois. **Etre autonome, c'est rester maître de la conduite et de l'organisation de sa vie.** Dans ce sens, l'autonomie est proche de la liberté, liberté de choisir, de décider, de dire "je". L'opposé de l'autonomie, c'est l'hétéronomie, qui consiste à être contrôlé, dirigé par les autres pour ce qui concerne sa vie.

Pour schématiser ce qui vient d'être dit, on peut dégager quatre cas de figure.

	Autonomie	Hétéronomie (non autonomie)
Indépendance	A	C
Dépendance	B	D

A : La personne est autonome et indépendante. C'est la situation la plus fréquente. Elle correspond à la situation 1 : la personne peut répondre par elle-même à ses besoins.

B : La personne est autonome mais dépendante, pour certains actes au moins, de la vie quotidienne. Cela correspond à la situation 2 : la personne ne peut pas répondre par elle-même à ses besoins, et à la situation 3 : la personne peut en partie répondre à ses besoins.

C : La personne est indépendante mais non autonome. Elle peut répondre à ses besoins mais a besoin d'être guidée (situation 4).

D : La personne est à la fois non autonome et dépendante. Cela correspond à la situation 5 : la personne ne peut plus répondre par elle-même à ses besoins et ne semble pas non plus en mesure de savoir ce qui lui convient.

---

(1) Gilbert Leclerc a défini très précisément la notion d'autonomie au cours d'une journée d'étude, "L'autonomie jusque dans la dépendance", organisée par le CEAS en octobre 1992 à La Roche-sur-Yon ; les actes du Colloque sont disponibles au CEAS

(2) Gilbert Leclerc, *op. cit.*

Si les capacités à décider ou à faire sont atteintes, la personne se voit contrainte de solliciter l'aide d'un tiers. La participation de l'aidant sera déterminée par les degrés d'autonomie et d'indépendance de la personne, comme sur ces schémas.

Actes de la vie quotidienne

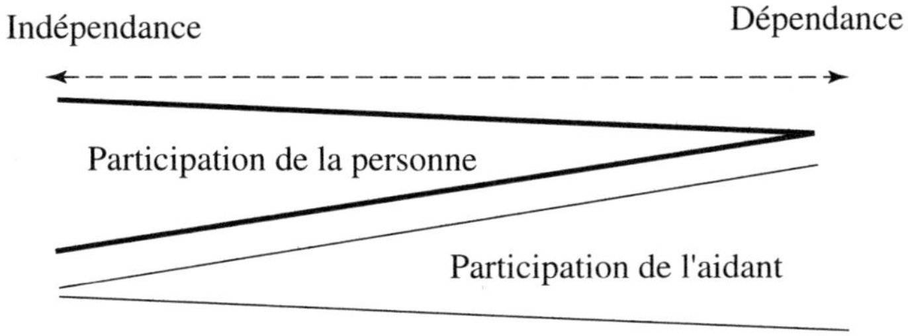

Plus la personne est dépendante et plus la participation de l'aidant est grande, et inversement.

Décider, gérer sa vie

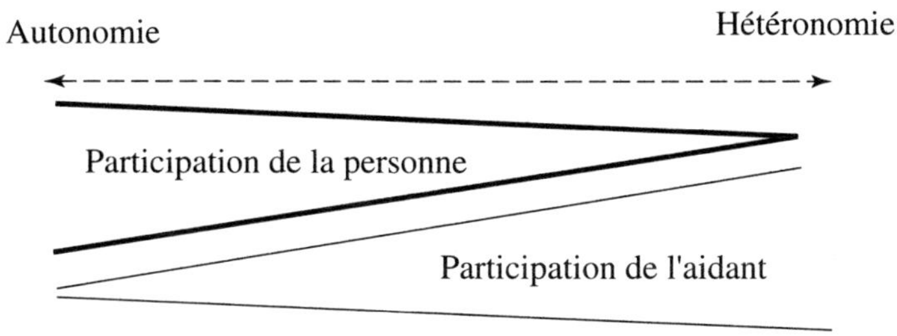

Moins la personne est autonome et plus la participation de l'aidant est grande, et inversement.

Trois conditions pour être véritablement autonome

– *"Avoir la capacité de s'autodéterminer, c'est-à-dire de faire des choix, de prendre des décisions libres et d'agir conformément à ses besoins. Pour cela, il faut évidemment posséder les capacités fonctionnelles sous-jacentes, physiques, intellectuelles et sociales*[1]*."*

– *"Vouloir exercer cette capacité, c'est-à-dire être motivé pour se prendre en charge et décider par soi-même".* Car on peut avoir les capacités pour faire, pour décider, mais ne pas le vouloir : on préfère s'en remettre aux décisions des autres et rester dépendant, ou simplement on se laisse aller.

Comme cette institutrice en retraite qui ne sort jamais de sa chambre (en dépit de toutes les incitations...) jusqu'au jour où une autre ancienne institutrice arrive dans l'établissement. Bien que la chambre soit située à l'autre bout de la maison, notre institutrice va d'elle-même voir sa collègue. Elle y trouve un intérêt, un plaisir, elle est motivée. Ce que toutes les incitations n'ont pu faire, le plaisir espéré l'a réalisé en un instant.

– *"Pouvoir exercer cette capacité, c'est-à-dire vivre dans un environnement favorable à l'exercice de son autonomie".* Autrement dit, ce que la personne peut – ou ne peut pas – faire, dépend très largement de l'environnement dans lequel elle vit (cf. le chapitre 6 : "Handicapées ? Dépendantes ?").

Pour évaluer – c'est-à-dire estimer, mesurer ou encore apprécier – l'autonomie d'une personne, il ne suffit pas de recenser ses capacités physiques (que fait-elle ?), mais il faut également prendre en compte l'environnement dans lequel elle vit (lui permet-il d'être le plus possible autonome ?) ainsi que sa volonté à se prendre en charge (en a-t-elle envie ?).

C'est seulement lorsqu'on a considéré l'ensemble de ces aspects qu'on peut ajuster au mieux l'aide à apporter.

Se situer par rapport à la personne âgée

Finalement, le rôle de l'intervenant devrait consister à tout mettre en œuvre pour maintenir ou développer l'autonomie de la personne.

Une résidente d'une maison de retraite fait une dépression importante, suite à une grande fatigue due à une longue infection.

L'équipe se mobilise. *"Il faut tenter de redonner une certaine autonomie à cette résidente".* Pour cela, l'équipe décide de *"la sortir de son isolement, de sa déprime, de son délire".*

---

(1) Gilbert Leclerc, *op. cit.*

Redonner une certaine autonomie, promouvoir, éduquer, mobiliser, responsabiliser, redynamiser... autant de verbes qui signifient notre volonté de changer la personne. Or, comme le disait après coup le représentant de cette équipe, *"l'équipe s'est mise en avant, mais c'est la personne qui est concernée. La décision première ne peut venir que d'elle-même"* et il continuait : *"Quand nous disons 'il faut la sortir', il faut comprendre 'nous avons créé des conditions pour qu'elle puisse sortir' de son isolement"*. Et c'est bien cela en effet que nous devons nous efforcer à faire : créer les conditions pour que la personne, si elle le désire profondément, puisse retrouver son autonomie.

Et, pour en revenir à notre résidente, au bout de quelques mois, elle a retrouvé un intérêt à participer à certaines activités de la maison, elle est de nouveau intégrée au groupe, elle sort de sa chambre...

En observant de plus près les différents modes d'intervention, Gilbert Leclerc a dégagé quatre types d'intervenants :

autoritaire

manipulateur

sur-protecteur

coopérateur

Le type autoritaire : il aura tendance à imposer son point de vue et ses solutions à la personne âgée : *"Vous allez faire ceci !"* Il se croit le mieux placé pour déterminer ce qui convient à la personne : *"Je sais mieux que vous ce qu'il vous faut"*. L'intervenant autoritaire est peut-être plus sensible à ce qui manque plutôt qu'à ce que la personne peut faire : *"Vous voyez bien que vous ne pouvez pas"*.

L'expression "prise en charge" nous pousse, si nous n'y prenons pas garde, vers ce comportement autoritaire. Car si nous prenons quelqu'un en charge, cela semble indiquer qu'il ne peut pas s'assumer lui-même.

De plus, comme les médecins et le système hospitalier ont souvent ce comportement de prise en charge, cela induit chez beaucoup de personnes "prises en charge" un comportement de soumission qui ne fait que renforcer le style autoritaire.

Le type manipulateur : contrairement au premier, le type manipulateur n'impose pas d'autorité ses décisions, mais il s'organise pour arriver quand même à ses fins (à savoir : faire de la personne ce qu'il veut) sans vraiment respecter l'autonomie de la personne.

Pour mettre l'autre dans sa poche, il peut user du genre "séduction" (*"Vous m'aimez bien ? Faites-moi confiance !"*), en allant parfois jusqu'au chantage (*"Ah ! On ne me fait pas confiance ?"*) ou à la récompense psychologique (*"Si vous êtes bien gentil..."*).

Le type manipulateur peut aussi être menaçant (*"Vous allez voir"*), moqueur (*"Ca vous apprendra !"*) et, hélas, il peut aussi punir (physiquement ou psychologiquement). Son comportement est marqué par une sorte de mépris et surtout un manque d'écoute des vrais besoins de la personne.

Ainsi, le manipulateur arrive-t-il, comme l'autoritaire, à dépouiller la personne de son autonomie. Tout cela, bien sûr, au nom du bien et du bonheur de la personne. Le problème, c'est qu'on prétend définir à sa place ce qui lui convient. Alors qu'il faudrait sans doute écouter et accueillir ses besoins et ses désirs d'autonomie.

Le type surprotecteur : c'est celui qui protège la personne âgée au point de l'empêcher de faire des choses, sous prétexte qu'il y a toujours un risque quelque part. Le surprotecteur fait à la place de la personne âgée une foule de choses qui, finalement, l'empêchent de développer son autonomie.

Or, une personne âgée qui s'est cassé le col du fémur doit se risquer à essayer de remarcher (même rapidement) sinon elle devient vite dépendante.

Il n'est pas toujours facile de tenir ensemble et de doser correctement sécurité et liberté (ou risque) car, globalement, familles, médecins, associations, règlements des établissements tendent à privilégier la sécurité.

Le type coopérateur : Il est attentif avant tout aux capacités (même très limitées) de la personne (et non à sa dépendance). Certains établissements utilisent des "grilles de dépendance", d'autres des "fiches d'autonomie". Les outils – et leur nom – ne sont pas neutres. Parler de "fiches d'autonomie" est significatif du regard que l'on porte a priori : cette personne, qu'est-ce qu'elle peut encore comprendre, souhaiter, vouloir, exprimer, faire ?

Corrélativement, l'aidant se demande : *"Est-ce que je n'en fais pas trop ?"* (non par paresse ou désintérêt, mais au contraire pour m'assurer que je laisse à la personne le champ le plus large possible d'autonomie).

"Depuis que l'on a parlé d'autonomie, il y a trois personnes à qui l'on ne fait plus la toilette" note une soignante.

Tout cela suppose d'accepter que ce soit moins bien fait, moins rapidement fait, mais c'est exercer le "non-pouvoir" et, en l'exerçant, c'est laisser à l'autre le plus possible de marge d'autonomie.

L'intervenant coopérateur laisse faire, ou "fait avec" la personne à "son rythme". Il ne dit pas : *"Il faut prendre son temps"*, mais laisse le temps dont la personne a besoin.

Cette façon de faire permet parfois à des personnes diminuées de faire des choses pour d'autres. Dans un établissement, une personne très perturbée fait la lecture à une aveugle : elle ne comprend rien à ce qu'elle lit ; mais, grâce à elle, celle qui ne voit rien, est très au courant des nouvelles. Pour les deux, c'est une grande joie. Parce que, dans le personnel, quelqu'un a eu l'idée de cette étrange complémentarité.

En fin de compte, aider une personne, c'est lui **permettre de conserver ou de développer son autonomie.** Et quand on aide quelqu'un, ce qu'on peut souhaiter de mieux, c'est de devenir inutile. Dans ce cas, cela signifie que la personne a retrouvé la possibilité de se débrouiller seule.

En bref...

Le plus souvent, une personne préfère répondre par elle-même à ses besoins plutôt que de demander de l'aide pour se laver, s'habiller, manger...

Quand on aide une personne, il est très important de lui permettre de faire le plus possible par elle-même. Car ce qui est premier, c'est le respect de l'autonomie de la personne : Que fait-elle seule ? Que peut-elle faire ? Que peut-elle décider, vouloir ?... Car l'autonomie, ce n'est pas tellement être capable de faire telle ou telle chose mais plutôt, et peut-être avant tout, être capable de décider, de choisir, de rester maître de la conduite et de l'organisation de sa vie.

Chapitre 6

"Handicapées" ? "Dépendantes" ?

"C'est plutôt elles
qui m'apportent beaucoup !"

(Un agent)

Tout être humain – vous, moi, et donc aussi chaque personne âgée – "dépend" du milieu où il vit. Le cadre matériel dans lequel on vit (localité, maison ou collectivité, meubles, objets...) n'est pas un "décor" neutre auquel nous serions indifférents : il y a des lieux où on a "plaisir à vivre" et d'autres "qui nous foutent le bourdon". De même, et peut-être plus encore, les personnes qui nous entourent peuvent être pour nous "un soleil" et une aide à vivre, ou au contraire "nous pomper l'air" ou même "nous faire mourir"...

Il est donc capital de prendre en considération l'environnement matériel et humain des personnes âgées, pour ne pas attribuer à ces personnes, et à leur âge, des difficultés ou handicaps qui tiennent surtout à cet environnement.

Influence de l'environnement matériel

Handicap ?

Mlle M, suite à une méningite dans sa jeunesse, ne peut se déplacer qu'en fauteuil roulant. Cela ne l'a pas empêchée de diriger un foyer logement.

Arrivée elle-même à la retraite, elle rejoint une amie qui vit en HLM. Comme il n'y a pas d'ascenseur, et que les portes sont trop étroites, Mlle M ne peut se servir de son fauteuil, ni sortir de l'appartement.

Ce sont, pour elle, de pénibles années de captivité.

Jusqu'au jour où elle entre en foyer-logement (comme résidente !). Grâce aux ascenseurs et aux couloirs, elle retrouve sa liberté de mouvement. Ajoutez à cela son goût pour la relation et le service, et son savoir-faire dans la vie en collectivité, Mlle M devient la plaque tournante de la vie sociale de l'établissement.

Problèmes de mémoire ?

M. B, ancien marin, se perd constamment dans l'établissement où il est : il ne retrouve jamais sa chambre.

Il est vrai que, dans cet établissement, toutes les portes de chambres sont semblables, et tous les couloirs également. Rien ne ressemble plus à sa porte que toutes les autres portes : M. B peut se sentir perdu. De plus, habitué à vivre seul dans sa petite maison, et se retrouvant un parmi 80, il peut se demander s'il existe.

Jusqu'au jour où quelqu'un a l'idée de lui suggérer de mettre sur sa porte une belle photo du bateau sur lequel il a longtemps navigué. Depuis, M. B ne se perd plus, il retrouve toujours sa chambre.

Ennui ?

Mme R, veuve depuis longtemps, s'ennuie mortellement dans sa maison.

Or une voisine, qui travaille et qui arrive le soir après sa fille, a l'idée de confier sa clé à Mme R.

Pour celle-ci, tout change. Chaque matin, la voisine passe, quelques instants, déposer sa clé. Le soir, c'est la petite fille qui vient chercher la clé... et, bien sûr, entre la fillette et la dame, des liens se nouent.

Du coup, Mme R se sent utile. La clé est le symbole d'un sens retrouvé à sa vie.

Ne parle-t-on pas trop vite de "handicap" ?

Voici deux personnes, victimes d'une arthrose sévère au niveau des membres inférieurs, au point d'être toutes deux en fauteuil roulant. L'une habite une maison où tout est de plain-pied et où les portes sont assez larges pour un fauteuil : elle peut continuer de vivre chez elle, où elle assure par elle-même l'essentiel de sa vie quotidienne (avec aussi l'aide du voisinage et d'une aide ménagère). L'autre, au contraire, habitait une maison aux portes étroites et avec des marches un peu partout : ce handicap l'a contrainte à entrer en établissement.

Pour clarifier les choses, il faut se référer à la "séquence de Wood", revue par l'OMS(1), et reprise dans le rapport de la commission au 10e plan(2) :

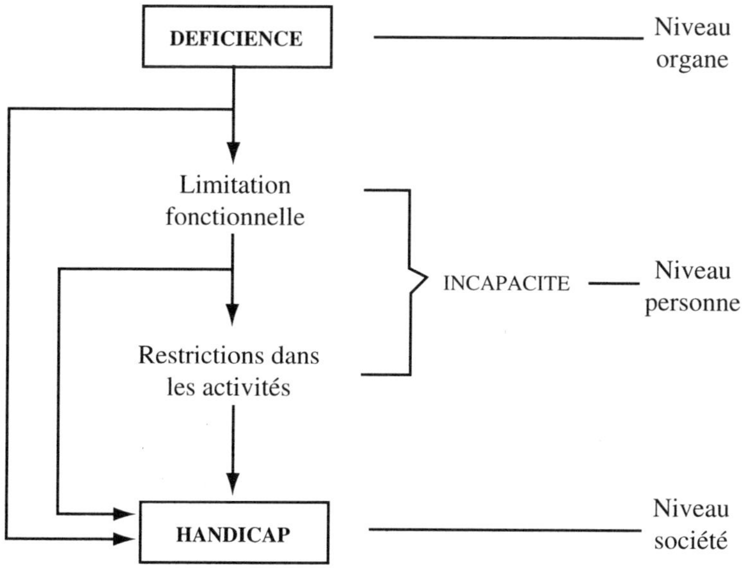

Il faut donc distinguer trois niveaux :

La déficience, qui indique un déficit, un manque par suite d'une détérioration ou altération de tel ou tel organe (exemple : arthrose d'une hanche, lésion ou faiblesse dans un œil...). Cette déficience entraîne une limitation fonctionnelle (exemple : la hanche ne peut plus "jouer" comme elle le faisait).

Alors peut apparaître **l'incapacité** qui se manifeste par une limitation des performances, une réduction partielle ou totale de la capacité à accomplir tel geste ou telle activité (exemple : je ne peux plus monter ni descendre un escalier, ou très difficilement).

Le handicap peut désigner les conséquences de cette incapacité dans la vie au milieu des autres, ou la traduction des altérations personnelles dans la vie sociale (exemple : je ne peux plus sortir de chez moi, ni aller chez les autres).

---

(1) Voir "Autonomie et dépendance des personnes âgées", dans **Gérontologie** n°62, avril 1987, pp. 3-11 ou encore **Gérontologie et société** n°65 (1993), pp. 50-66.

(2) Rapport Schopflin, **Dépendance et solidarité. Mieux aider les personnes âgées**, Documentation française, 1991.

Une clé : l'adaptation

Cette classification situe donc le handicap beaucoup moins dans la personne elle-même qu'au niveau des relations de la personne avec son environnement et avec la société. Si donc la personne qui ne peut sortir de chez elle trouve un appareillage adapté, et si elle dispose d'un entourage prêt à la transporter, on ne la dira pas "handicapée". Sans doute, elle restera avec son arthrose et elle ne pourra toujours pas monter (seule) des escaliers, mais cela ne l'empêchera pas d'avoir une vie personnelle et sociale (presque) normale.

On voit l'importance de cette façon de voir le handicap, dans la façon d'accompagner les personnes vieillissantes. Pour éviter d'en arriver à la déficience et l'incapacité, il y a une prévention primaire qui consiste à ménager et protéger les organes sensibles, par exemple, l'œil ou l'oreille.

Mais, même quand ces organes sont atteints, on peut faire en sorte que cela ne handicape pas la personne ou le moins possible, par exemple en proposant assez tôt des prothèses, mais surtout en les accompagnant d'une rééducation de l'œil ou de l'oreille.

La clé qui permet d'éviter qu'un petit (ou gros) problème de santé devienne "handicapant", c'est donc l'adaptation. Que ce soit à domicile[1] ou en établissement[1], il existe beaucoup de possibilités d'aménagements (pas tous onéreux), des "trucs" qui permettent à la personne de compenser ses réductions fonctionnelles, des façons de faire et de parler qui lui facilitent la vie.

Influence de l'entourage

Tout ce qui vient d'être dit à propos de l'environnement matériel des personnes vieillissantes s'applique au moins autant à leur environnement humain :

L'entourage de la personne âgée peut lui créer des difficultés, ou au contraire compenser ses carences, parfois jusqu'à les annuler.

Lenteur ?

Le ralentissement des mouvements et des fonctions est peut-être la première caractéristique du vieillissement. D'où le contraste avec le rythme d'un personnel souvent jeune... et trop peu nombreux. *"Vous courez tout le temps"* reprochent des personnes âgées. Un agent reconnaît : *"L'autre matin, j'entre*

---

(1) Voir la revue **Entourage, Gérontologie et société** n°52 (domicile), 65 (vieillissement et handicap), 69 (vieillir en ville).

(2) Voir l'outil de la FNG "Pour une évaluation de la qualité de vie".

chez une personne qui est très lente, je lui dis bonjour, j'ouvre les volets, je ressors... et j'étais déjà dans le couloir quand je l'ai entendue répondre bonjour !"

Quand il en prend conscience, le personnel dit : *"C'est vrai, il faut prendre notre temps ! Ou plutôt : il faudrait".*

Mais une aide-soignante remarque : *"Dire qu'il faut prendre notre temps, c'est encore être centré sur nous, et mesurer le temps à partir de nous. Moi je dirais qu'il faut leur laisser le temps de leurs actes. Parce que c'est eux qui doivent nous guider. Et ce peut être différent pour chaque personne !"*

Difficultés d'audition ?

Un gériatre (1) déclare : *"Un grand malheur des personnes âgées, c'est d'être entourées presque uniquement de femmes, et souvent de femmes jeunes !"*

Non qu'une telle compagnie soit désagréable, dit-il, mais c'est un malheur pour les personnes qui ont des difficultés d'audition. En effet, on dit facilement que, pour se faire entendre, il faut parler fort, ce qui n'est pas tout à fait faux. Malheureusement, quand on parle fort, on se met souvent à parler haut, dans un registre aigu. Surtout les femmes. Or ce sont justement les sons aigus que les malentendants ne perçoivent pas.

D'où la mésaventure fréquente. Vous êtes face à une personne qui n'a pas compris ce que vous avez dit. Alors, vous répétez, plus fort et (sans vous en rendre compte) plus haut... mais la personne vous regarde toujours avec les mêmes yeux étonnés. Vous vous tournez vers la collègue qui est à côté et vous lui dites (à voix normale) : *"Elle n'a rien compris !"*... et la personne vous répond : *"J'ai rien compris !"* parce que, sans vous en rendre compte, vous avez parlé à voix normale, c'est-à-dire plus bas, et elle vous a entendu.

Problèmes de mémoire ?

Que dit-on quand quelqu'un a oublié quelque chose ?

- si c'est un enfant : *"Il est distrait !"*,
- si c'est un adulte : *"Il a fait un oubli !", "il a du souci"*,
- si c'est une personne âgée : *"Je me demande si elle ne commence pas à perdre la tête !"*

Pourquoi de telles différences ? Et surtout, comment notre question sur la personne âgée n'induirait-elle pas, de notre part, un comportement qui risque de la déstabiliser ?

---

(1) Dr Marmet, conférence à La Roche-sur-Yon.

Mme B, animatrice d'ateliers-mémoire, reçoit un jour une sorte d'appel au secours : *“Je voudrais vous voir parce que j'ai de gros problèmes de mémoire. Quand je reçois un coupe de téléphone, j'oublie toujours des choses. J'en ai parlé à mon médecin. Il m'a dit que je faisais de la sénilité précoce !”*

Mme B, va donc voir cette dame. Toutes deux parlent longuement de choses et d'autres. La personne semble très lucide. Quand Mme B demande à voir où est le téléphone, la dame la conduit dans un boudoir tapissé de dessins et tableaux qui sont ses œuvres. Mme B lui dit : “Je parie que, quand vous êtes au téléphone, vous regardez ces tableaux, et que vous vous dites : *“Tiens, là, je n'aurais pas dû faire comme ça ! Ah ! oui ! dit la dame, c'est tout à fait ça !”*

Inutile de chercher plus loin. Il a suffi que cette dame apprenne à téléphoner en fixant son carrelage qui était très neutre. Elle n'oubliait plus rien de ce qui lui était dit au téléphone. Une sénilité précoce en moins !

Dépressions ?

Une jeune femme raconte : *“A côté de chez moi, vit une grand-mère que j'ai toujours connue seule depuis que je suis là, ses enfants habitant loin. Elle était très dépressive, au point d'aller chaque année faire des séjours de plusieurs mois à l'hôpital psychiatrique.*

Quand j'ai eu ma fille, j'ai parfois fait appel à cette grand-mère pour la garder. Elle a fait de plus en plus de choses pour ma fille, pour me rendre service... si bien qu'elle l'appelle toujours “ma puce”. Eh bien ! depuis ce jour-là, elle n'est jamais retournée à l'hôpital psychiatrique !”

Dépendance ?

Charlotte Memin raconte :

“Mme X, 85 ans, est placée par sa famille dans un service de long séjour parce que, dit celle-ci, “elle perd la tête et ne peut plus vivre seule”. Mme X est dans une chambre individuelle. Dès son arrivée, elle souhaite faire son lit... mais une soignante l'en empêche : “Ici madame c'est nous qui le ferons”. Le lendemain, Mme X, veut balayer sa chambre, mais cette occupation lui est refusée au nom du... balayage humide. Alors, elle se fâche : “Si je peux rien faire, je vais m'ankyloser, j'avais l'habitude de bouger”. “Non, Madame, vous ne vous ankyloserez pas, vous irez deux fois par semaine faire de la gymnastique”. Le jour de la séance arrive, Mme X est au fond de son lit, prétextant toutes sortes de maux ; la fois suivante aussi. Alors, les conflits

apparaissent, on la considère comme "asociale, peu motivée pour participer aux activités proposées" et on la confie à la psychologue de l'établissement. L'entretien est difficile au début ; petit à petit, la confiance apparaît et Mme X termine par cette réflexion : "Vous ne trouvez pas qu'ici, ils perdent la tête", qu'elle ponctue par un geste significatif[1] *!"*

Plus proche de nous, un agent dit : *"Telle personne est tellement lente à déboutonner son gilet que c'est plus fort que moi, je le fais à sa place".* Une collègue répond : *"Oui, et si tu lui fais une fois, elle attendra que tu lui fasses toujours !"*

Démence ?

Il ne s'agit pas de nier qu'il y ait des causes organiques à l'origine de certaines démences (vasculaires, post-traumatiques, etc.). Mais de plus en plus de psychiatres attirent l'attention sur leurs causes psychiques et sociales.

Mlle X, dont la mère est sénile, lui ressemble beaucoup, et vieillit elle aussi. Sous prétexte de vérifier et entretenir la mémoire de sa mère, elle lui pose sans cesse des questions-tests. Se rend-elle compte qu'en remplaçant ainsi les échanges par des examens, elle enfonce sa mère dans sa maladie ?

---

(1) Dans **Gérontologie** n°61, 1987.

A côté des personnes vieillissantes qui se suicident (de plus en plus nombreuses), d'autres ne voient comme solution que de "se griller la cervelle" en s'enfonçant dans la démence, dit Jean Maisondieu [1].

Incapacité ?

Les professionnels trouvent souvent, près d'une personne âgée, une autre personne (le conjoint, la fille...) qui répond à sa place. Il peut arriver, en effet, que la personne soit incapable de répondre. Mais c'est rare ! Seulement, l'entourage est plus rapide, il répond donc avant la personne : au bout de quelques jours ou quelques semaines, la personne n'essaie même plus de dire son mot. Et tout le monde peut en venir à croire, de bonne foi, qu'elle est incapable de répondre. Mais si vous persistez à l'interroger, et si vous réussissez à être seul avec elle, presque toujours elle réussit à se faire comprendre, à sa manière... et son avis n'est pas toujours le même que ce qu'a exprimé son entourage.

Comprendre la "dépendance"

Que chaque personne âgée dépende de son entourage (ou de l'absence d'entourage), c'est évident... et c'est normal. Nous-mêmes, quels que soient notre âge et notre état de santé, ne dépendons-nous pas de beaucoup de gens (et de beaucoup de choses) ? A condition de bien comprendre qu'il y a deux sortes de dépendance, très différentes l'une de l'autre [2].

La dépendance dont on parle le plus couramment est affectée du signe "moins". Elle s'enracine dans une **incapacité de la personne âgée à faire** ceci ou cela, alors d'autres le font pour elle, mais ils le font dans une relation vécue comme inégalitaire où ils sont en position de supériorité et de commandement, tandis que la personne âgée est en situation d'infériorité et de soumission. Eux ne font qu'apporter, elle ne peut que recevoir.

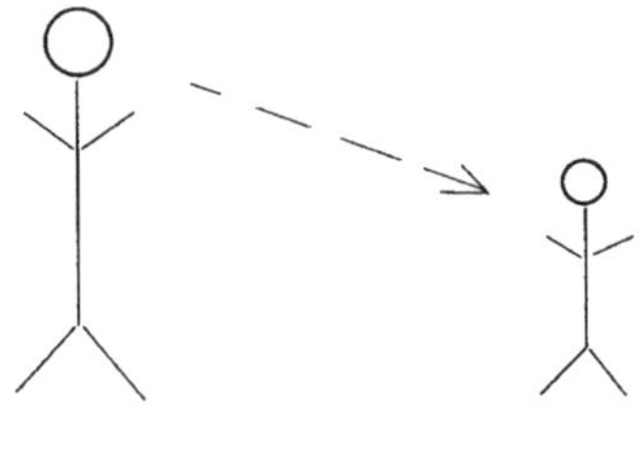

"Tu dépends de moi"

---

(1) J. Maisondieu, **Le crépuscule de la raison**, Centurion, 1989.
Voir aussi Dr Louis Ploton, **La personne âgée**, Chronique Sociale, 3e éd., 1995.

(2) Voir B. Veysset, **Dépendance et vieillissement**, L'Harmattan, 1989.

Mais il est une autre forme de dépendance, que nous avons tous à vivre. A la racine, pas de déficience ni d'incapacité particulière, mais ce fait fondamental que nous avons tous besoin les uns des autres. Je dépends de la famille où je suis né, mais aussi de celle que j'ai fondée. Je dépends de mes collègues de travail, de mes amis, et même de mes ennemis (si j'en ai). Cette dépendance est une forme de solidarité, elle fait absolument partie de moi dans la mesure où j'existe par les relations qui me constituent.

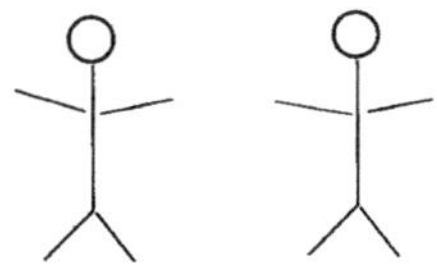

"Je dépends de toi"

Cette deuxième forme de dépendance, pour être vécue totalement avec le signe "plus", doit être une **véritable interdépendance**, un véritable échange où chacun donne et chacun reçoit.

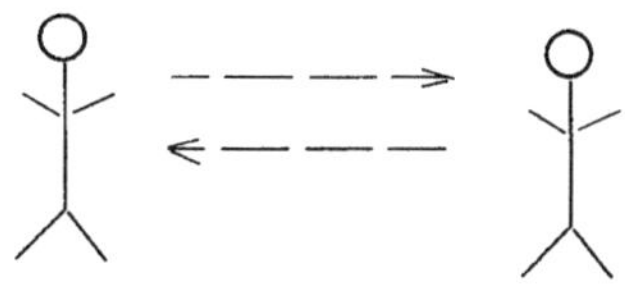

"Chacun apporte, et chacun reçoit"

Que peuvent nous apporter des personnes vieillissantes ?

C'est précisément là que la vieillesse nous interroge tous, personnellement et collectivement (1) : si la seule dépendance véritablement humaine est une dépendance mutuelle, qu'est-ce que les vieux peuvent apporter à la société actuelle ? qui pense vraiment avoir quelque chose à recevoir d'eux ?

- peut-être ce cuisinier d'une maison de retraite qui demande aux résidents : *"Quels sont vos plats préférés ? Comment les préparez-vous ?"*... et qui apprend d'eux à cuisiner la soupe aux choux ou un plat de millet.
- ce personnel d'un foyer-logement qui aide les résidents à réaliser la "noce à l'ancienne" dont ils ont eu l'idée, pour laquelle ils cherchent partout des costumes, et dont le repas est vraiment celui d'autrefois.
- ce directeur d'établissement qui, avec son personnel, a lancé des groupes de conversation où les résidants leur font découvrir la vie de leur jeune temps, et qui mettent cela par écrit dans le journal d'établissement.

(1) B. Veysset, *op. cit.*, p. 126 sq ; revue **Autrement** n°124 (octobre 1991), "Etre vieux", sous-titre, "De la négociation à l'échange".

– cette jeune aide-soignante qui dit à une personne âgée : *"J'aime beaucoup travailler près de personnes comme vous, parce que, à vous voir et vous écouter, j'apprends beaucoup de choses sur la vie."*

– cet agent qui, dans une formation à l'accompagnement des personnes âgées en fin de vie, remarque : *"Je ne vois pas trop ce que je peux leur apporter. C'est plutôt elles qui m'apportent beaucoup. Elles sont tellement plus avancées que moi dans cette expérience de la vie qui va vers la mort !"*

Une surveillante de gériatrie résume ainsi quelques aspects de ce qu'on peut recevoir des personnes âgées :

– pour elles, tout, dans leur corps et leur tête, se ralentit : adopter, avec elles, la marche à petits pas, n'est-ce pas retrouver un rythme humain ?

– trop de personnes sont étiquetées "démentes" alors qu'elles sont simplement très lentes : c'est pour cela que leurs paroles et/ou leurs actes nous paraissent "décalés" ; n'est-ce pas, pour nous, un appel à ralentir, à nous asseoir pour écouter ?

– elles ont une somme de choses à nous apprendre sur la vie d'autrefois : cela nous rappelle que la vie d'aujourd'hui n'est pas la seule possible, ni même peut-être la meilleure.

– des personnes, même démentes, peuvent prendre plaisir à chanter, même si l'instant après elles l'ont oublié : ne nous obligent-elles pas à retrouver la valeur de l'instant présent ?

– beaucoup oublient le détail de moments qui ont été de grandes joies (fête, sortie, vacances) mais se souviennent de nous comme *"en lien avec un événement heureux" :* rappel que la relation est ce qui est le plus important, et que l'être est plus marquant que le faire.

En bref...

On attribue facilement à une personne âgée telle ou telle carence (par exemple : "elle n'entend pas !") alors que celle-ci peut tenir, au moins en partie, au comportement de l'entourage ("parlons-nous assez fort et distinctement ?").

Les handicaps peuvent venir de déficiences de la personne, mais tout autant, et parfois plus, d'une inadaptation de l'environnement matériel ou humain.

Quant à la dépendance, elle comporte certes des contraintes. Mais pourquoi ne la voir que négativement ? Pour la transformer en une véritable inter-dépendance, nous pouvons nous mettre en position de recevoir des personnes âgées : elles ont beaucoup à apporter aux autres !

Chapitre 7

Santé, soins (1)

"Une pathologie ?... ou une personne ?"
(Une infirmière)

La vieillesse n'est pas une maladie : on ne le dira jamais trop !

Pourtant nombre de choses pourraient le faire croire. Par exemple, une certaine façon de fuir la vieillesse, d'éviter de toucher un vieillard... comme si la vieillesse était contagieuse ! Et surtout une tendance à "médicaliser" la vieillesse : ne fait-on pas appel aux médecins d'une façon exagérée ? Les lieux d'accueil ne sont-ils pas trop souvent aménagés en lieux de soins ?

En réalité, notre système médical n'est pas bien adapté au type de soins que requièrent les personnes âgées. Il est surtout préoccupé de guérir, alors que le plus important serait de **prévenir les troubles**. Il privilégie la maladie, pour travailler à la guérison, alors que, chez une personne âgée, il faut savoir *"repérer ce qui peut se soigner et ce qui doit être compensé*(2)*"*. Enfin, il accorde trop d'importance aux médicaments, alors que, *"au-delà de deux ou trois médicaments pris en même temps, on ne sait plus ce qu'on fait"*, dit un généraliste.

On peut être vieux et malade

Même s'il n'y a pas – ou si peu ! – de maladies propres à la vieillesse, il faut bien reconnaître que, dans la vieillesse aussi, on peut être malade. Peut-être même plus facilement, lorsqu'en vieillissant on s'affaiblit.

Il ne s'agit donc pas, pour le médecin et les autres, de chercher à "guérir la vieillesse", mais d'**aider la personne à vivre**. Ce qui fait de la médecine gériatrique une médecine spéciale mais authentique et même très riche(3) :

- une médecine globale, qui ne se contente pas d'examiner ni de soigner un organe, car la personne souffre souvent de plusieurs pathologies à la fois ;
- une médecine exigeante au plan du diagnostic car, chez une personne âgée, la pathologie est souvent moins bruyante que chez un adulte plus jeune ;

---

(1) Ce chapitre doit beaucoup au Docteur Jean-François Morineau, administrateur du CEAS, et surtout à Nicole Litou, cadre infirmier de santé publique, qui fut longtemps formatrice au CEAS

(2) Cf. Dr P. Guillet, *op. cit.*, p. 28-32.

(3) Cf. Dr P. Guillet, *op. cit.*, p. 65 sq. ; Renée Sebag-Lanoë, **Soigner le grand âge**, Epi, Desclée de Brouwer, 1992, Chap. 2.

– une médecine de soins aussi, c'est-à-dire dont l'essentiel passe par des soins très quotidiens et souvent longs ;
– une médecine de l'autonomie, qui cherche moins à guérir qu'à permettre à la personne de rester autonome ou de le redevenir ;
– c'est pourquoi elle doit être aussi une médecine préventive, sans empêcher la prise de risques inséparable de la vie : à chaque problème, on est trop porté à préconiser la cessation de telle ou telle activité alors qu'il serait possible et plus profitable d'envisager des mesures de prévention ;
– une médecine qui renonce à la facilité qui consiste à donner toujours plus de médicaments.

Quelques maladies (1)

Accident vasculaire cérébral

Provoqués par un arrêt de la circulation (thrombose ou embolie) ou une rupture de vaisseau, qui déclenche une hémorragie, les accidents vasculaires cérébraux, parfois appelés AVC par les médecins, entraînent une mauvaise irrigation du cerveau et des lésions qui, selon les zones touchées et l'importance de l'accident, peuvent avoir des effets plus ou moins graves.

Selon les centres atteints, le patient peut :
– devenir hémiplégique, c'est-à-dire souffrir d'une paralysie d'un membre supérieur et d'un membre inférieur d'un même côté du corps ;
– devenir tétraplégique (paralysie des quatre membres), quand tous les centres moteurs sont atteints ;
– souffrir d'affections plus localisées : troubles de la mémoire, de la parole, de l'écriture, de la vue, de l'audition.

L'accident peut provoquer un coma, dont le patient sort progressivement.

Arthrose

Toutes les articulations du corps sont des mécaniques de haute précision dans lesquelles interviennent les os et les cartilages qui les recouvrent. Ces derniers assurent l'élasticité des mouvements, la souplesse des gestes. Mais avec le temps, ils peuvent se détériorer, provoquant une douleur plus ou moins aiguë dès que l'articulation travaille.

(1) La plupart de ces définitions sont tirées du hors-série n°2 de **Entourage** sur "La dépendance", pp. 58-61.

L'arthrose est la maladie rhumatismale la plus fréquente chez les personnes âgées. Elle concerne toutes les articulations du corps, principalement l'épaule, le coude, la main, la hanche, le genou et la cheville. Le premier conseil à donner à une personne âgée qui pense souffrir d'arthrose, c'est de consulter précocement pour éviter que les lésions ne s'aggravent.

Dans bien des cas, un traitement simple, à base d'aspirine ou de paracétamol, permet de réduire ou même de faire disparaître la douleur.

Un rhumatologue conseillera utilement les patients et pourra prescrire une rééducation pour leur permettre de faire travailler leurs muscles et de soulager au mieux l'effort articulaire. Mais, quand l'arthrose devient trop handicapante, le recours à la chirurgie est souvent la seule solution (prothèses).

Athérosclérose

Appelée aussi artériosclérose ou athérome, cette maladie frappe les artères et se traduit par un durcissement de leurs parois, normalement élastiques, accompagné de dépôts, “les athéromes” qui provoquent à la longue une obstruction de l'artère et une mauvaise irrigation sanguine des zones alimentées.

Provoquée par le tabagisme, l'excès de cholestérol, l'obésité ou tout simplement le vieillissement, cette maladie peut se traiter ou s'opérer. C'est ainsi qu'on effectue des pontages artériels au niveau du cœur, des carotides, ou des membres inférieurs (on parle alors d'artérite).

Cataracte

Avec le temps, le cristallin, qui est à l'œil ce que la lentille est à un objectif photographique, perd de sa transparence et s'opacifie, donnant lieu à une maladie des yeux, la cataracte. Une personne sur deux, passés 60 ans, en est atteinte, et cela crée ou accroît une dépendance.

Progressivement, tout devient flou, en vision de près comme de loin. Ne plus conduire, ne plus lire, ne plus coudre ou tricoter, ne plus regarder la télévision, et c'est l'enfermement sur soi-même. Or, la cataracte peut très bien s'opérer, même chez les personnes les plus âgées.

Démence [1]

Dépression

On peut faire une dépression nerveuse à tous les âges de la vie : plus de 30 % des dépressifs ont plus de 65 ans. Elle survient généralement après un événement pénible : un deuil, un accident ou simplement une maladie. La personne ne remonte pas la pente, ne veut ni bouger, ni sortir, ni même rencontrer les gens qu'elle connaît. Elle dort et mange mal, est en permanence fatiguée, devient triste, se plaint de douleurs vagues, mais tenaces. Non traitée, une dépression peut durer des mois.

Un traitement chimique (à base d'antidépresseurs) est presque toujours nécessaire pour sortir de la dépression. Il peut s'accompagner d'une psychothérapie.

Ostéoporose

Il s'agit d'une perte de la masse osseuse provoquant une fragilité qui entraîne, chez les sujets âgés et particulièrement chez les femmes, des risques de fractures, notamment du col du fémur, et des tassements de vertèbres.

Parkinson

Débutant le plus souvent entre 50 et 65 ans, cette maladie peut se manifester de trois manières : tremblements, raideur, impossibilité à se mouvoir. Le malade peut connaître des alternances de moments où il peut bouger, et d'autres où il ne peut plus : ce n'est pas de la comédie.

---

(1) Voir chapitre 11, "Communiquer avec les personnes démentes".

Prévention des maladies ou : comment vieillir au mieux ? (1)

Actions de prévention	Maladies ou symptômes évités
Peu ou pas de boissons alcoolisés.	Troubles du caractère et du comportement – cirrhose et cancer du foie – paralysies – troubles de la mémoire.
Ne pas fumer.	Artérite – infection des bronches et des poumons – cancers : gorge, poumons, oesophage, estomac, reins, vessie, prostate...
Exercice physique régulier.	Manque de force dans les jambes ostéoporose – constipation.
Alimentation équilibrée : – un peu moins de graisses – un peu moins de sel (assez, cependant, pour éviter déshydratation) – manger des légumes verts – manger du calcium (lait, fromage, pas trop de beurre !) – manger des protéines (viande, lait, poisson, céréales, haricots blancs).	 Arthérosclérose – infarctus du myocarde. Hypertension artérielle – hémiplégie (AVC). Manque d'acides foliques, de vitamines : anémie. Ostéoporose – fractures. Amaigrissement – fonte musculaire infections répétées.
Exposition au soleil, ou du moins à la lumière : – pas d'excès – sorties régulières été comme hiver et même par temps voilé (ultra-violets).	 Rides – cancers de la peau. Manques de vitamine D ostéoporose – fractures résistance aux infections.
Dépister les baisses d'acuité visuelle et auditive par un examen annuel.	Accidents – cécité – dépression troubles intellectuels et relationnels.
Dépister les excès de tension artérielle par un examen semestriel	Hypertension artérielle – athérosclérose : hémiplégie, infarctus cardiaque, insuffisance rénale.
Soigner la ménopause chez la femme.	Ostéoporose – fractures – rides dépression.

(1) Par Jean-François Morineau.

Usage des médicaments : – ni abus – ni insuffisance	 Intoxication – effets secondaires par inter-action – allergie. Affections mal traitées et devenant chroniques.
Hygiène corporelle.	Infections – maladies de peau.
Vaccinations : – grippe – tétanos	 – 80 % des grippes chez les plus de 65 ans —> 40 % de décès. – 60 % des cas chez les plus de 65 ans —> 20 % de décès.

Mais la santé n'est pas que l'absence de maladie

Quand on demande, aux personnes âgées de 70 ans ou plus, ce que représente pour elles la bonne santé, elles mettent en premier *"prendre plaisir à la vie"* (80 %), en second *"pouvoir faire ce que l'on veut"* (71 %) et seulement en troisième position *"ne pas être malade"* (66 %)(1).

On ne peut donc pas se contenter d'une définition négative de la santé comme "absence de maladie". Il faut adopter une définition positive.

La plus connue est sans doute celle de l'Organisation mondiale de la santé (OMS), qui figure dans le préambule de la constitution de cette agence des Nations unies. Elle mérite d'être resituée dans son contexte : *"Tous les peuples du monde ont le droit d'accéder au meilleur état de santé possible, la santé étant définie non seulement comme l'absence de maladie ou d'infirmité, mais comme un état de complet bien-être physique, mental et social."* Faut-il rappeler que cette définition date de 1946 ? Si elle n'est pas exempte de critiques (en particulier les mots "état" et "complet"), elle comporte beaucoup d'aspects positifs : elle met l'infirmité (aujourd'hui nous dirions dépendance) à égalité avec la maladie, et surtout elle élargit la santé aux dimensions mentales et sociales.

---

(1) Sondage Credoc, 1992, analysé dans **Gérontologie et société**, n°71, pp. 102-103.

Poussant plus loin la réflexion et la recherche, la Santé publique a repéré un très grand nombre de facteurs qui influencent la santé(1). Si bien que, pour connaître l'état de santé d'une personne, ou pour favoriser sa bonne santé, il ne faut pas seulement scruter tel ou tel organe, ni même toute sa physiologie, mais prendre en compte toute sa personne. Bien plus, au-delà de sa personne, il importe de repérer toutes les influences qu'elle peut recevoir à travers ce qu'elle vit, et même les caractéristiques de son environnement matériel et humain.

---

(1) Voir par exemple Jean Martin, **Pour la santé publique**, Réalités Sociales, Lausanne, 1987.

Facteurs influençant la santé de l'homme (1)

SANTE DE L'HOMME

Facteurs culturels
- les coutumes,
- les croyances,
- les loisirs,
- les équipements.

Facteurs géographiques
- le climat,
- le relief, les ressources naturelles,
- la concentration urbaine,
- les communications.

Facteurs politiques
- le budget,
- le plan,
- la tendance politique du moment.

Facteurs sanitaires
- l'office de soins (établissements, équipement, personnel),
- les connaissances médicales,
- l'utilisation des services.

Facteurs démographiques
- l'âge de la population,
- la migration,
- la densité,
- la planification familiale du pays.

Facteurs socio-économiques
- l'habitat,
- l'aménagement urbain, rural,
- le mode de vie,
- le niveau de la population,
- l'emploi.

Cette prise en compte de tous les facteurs de santé ne semble pas très spontanée, ni très pratiquée, et c'est bien dommage ! Ainsi, une personne âgée hospitalisée, mais en état de marcher, ne bouge pas de son lit ; on finit par s'en inquiéter... et on apprend alors qu'elle ne marche jamais sans canne, et que celle-ci est restée à la maison ; par ignorance de ce "détail", on l'a laissée plusieurs jours s'ankyloser. Plus grave : des services hospitaliers renvoient des personnes chez elles dans des conditions très problématiques, soit parce qu'elles ne peuvent pas faire face, soit parce que les services du domicile, n'étant pas avertis, ne peuvent pas les aider convenablement. Parmi les personnes hospitalisées pour une jambe cassée, un col de fémur, combien reviennent "réparées"... mais avec des escarres ou d'autres problèmes ? **Les soins curatifs ont été assurés, mais pas les soins d'entretien de la vie :** on a "soigné" la jambe, mais pas vraiment "pris soin" de la personne. A partir de tels constats, nous avons réalisé des formations-recherche-action avec des groupes mixtes (soignants d'hôpitaux et du domicile) et mis au point des fiches de liaison.

Mais il n'y a pas que les services hospitaliers qui ont de la peine à prendre en compte la personne dans sa totalité et avec tout son environnement matériel et humain. Dans les établissements pour personnes âgées, on se

(1) Schéma extrait du livre d'Alain Harlay et Monique Lacage, **Guide des aides-soignant(e)s**, Masson, 1992, p. 18.

préoccupe des corps : les loger, les nourrir, les entretenir, les soigner. Mais les cœurs ? Mais les têtes ? Se préoccupe-t-on autant de leur bien, de leur entretien, de leur développement ? Et même à domicile, on est menacé de ne prendre en considération qu'une toute petite partie de la personne...

> "Hier, j'étais chez une femme pour une prise de sang. Elle m'a dit qu'elle envisage de changer de maison : elle habite un fond de village où elle est seule, son mari venant de mourir.
>
> Elle a parlé de son projet (changer de maison) à son médecin, qui a répondu : *"Ce n'est pas un cas médical, ce n'est pas moi qui résoudrai votre problème !"* C'est vrai. Mais, de la part de cette femme, n'était-ce pas un appel profond, signe d'une grande douleur ?
>
> Des gens comme ce médecin n'ont sans doute pas la même perception que nous de ce qu'est un malade : une pathologie ? ou une personne ?"
>
> *(Une infirmière à domicile)*

Il ne s'agit pas que chacun veuille répondre par lui-même à tous les besoins de la personne. Mais que chaque intervenant soit attentif à la personne dans sa totalité, et avec tout son environnement, et qu'il ait le souci que tout soit pris en compte grâce à une bonne complémentarité de tous les intervenants.

Et "soigner" ne se limite pas à "guérir"

Si la santé est la capacité de vivre le plus normalement possible dans son environnement humain et matériel, soigner ne peut plus signifier seulement *"chercher à guérir quelqu'un qui est malade"*, et cela à travers des gestes techniques tels que injections ou pansements.

Sans négliger ni minimiser ces gestes spécifiques, soigner c'est, beaucoup plus largement *"agir pour soi-même ou pour autrui, afin d'entretenir la vie*[1]*"*. Ou, selon une formule plus complète :

"Soigner, c'est aider l'individu, malade ou en santé, au maintien ou au recouvrement de la santé (ou l'assister dans ses derniers moments) par l'accomplissement de tâches dont il s'acquitterait lui-même s'il en avait la force, la volonté ou possédait les connaissances voulues, et accomplir ces fonctions de façon à l'aider à reconquérir son indépendance le plus rapidement possible[2]*."*

On voit bien que le soin ne consiste pas seulement dans la compétence technique à laquelle trop souvent on le réduit. Il est aussi relation. Non pas relation en plus du soin, à côté du soin, ou après le soin. Mais **relation à l'intérieur même du soin, relation qui fait partie du soin.**

Cette relation, pour être vraie, doit rejoindre la personne dans toutes ses dimensions : physique, psychique, socioculturelle, spirituelle. Elle doit **traiter la personne en être unique, libre, responsable**. Et en même temps comme un être relié : situé dans un lieu de vie précis, appartenant à un ou plusieurs groupes sociaux, avec son histoire propre, et se réalisant à travers des échanges avec son environnement matériel et humain.

Cette relation s'établit aussi avec une personne qui est, momentanément au moins, dans une certaine situation de faiblesse et/ou de difficulté. C'est, de quelque manière, une relation d'aide, qui demande non seulement de la délicatesse, mais une grande discrétion et un sens aigu de l'importance de l'autonomie de la personne.

La personne elle-même

Chaque personne est pour elle-même son premier soignant : elle "prend soin" d'elle-même. Et quand elle ne le peut plus, ou que cela ne suffit pas, elle demande à d'autres de la soigner, mais seulement dans la mesure et pour le temps où elle ne peut se suffire.

D'où le schéma ci-dessous, où la personne âgée est située au centre de l'équipe soignante, non pas comme objet de soins des autres, mais bien comme le premier et le principal des soignants.

---

(1) **Terminologie des soins infirmiers**, BO, n°86/21 bis.

(2) Henderson Virginia, **Principes fondamentaux des soins infirmiers**, Conseil international des infirmières, Genève, 1959.

L'équipe soignante

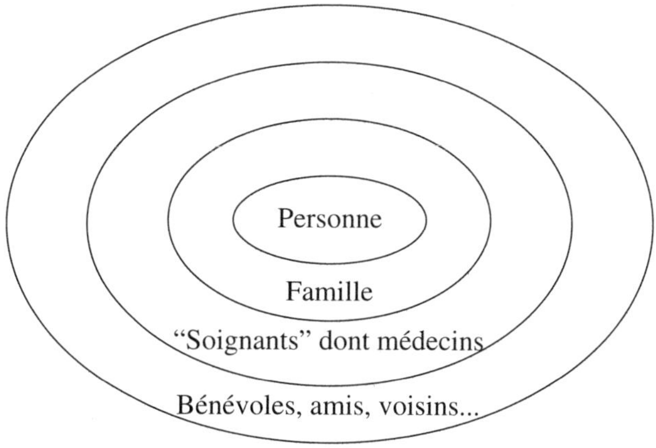

Est-ce que tous les intervenants, toutes les structures, donnent ainsi à la personne âgée sa place de "sujet" acteur de sa vie, de sa santé, de ses soins ? La laisse-t-on décider, ou bien la prend-on en charge sans tenir compte de ses avis ? La laisse-t-on agir, même si c'est un peu moins bien fait, ou bien a-t-on tendance à faire à sa place ? Il ne s'agit pas de l'abandonner à elle-même, mais de se situer vis-à-vis d'elle comme des béquilles, provisoires si possible.

Tous soignants

En fonction du sens qu'on a donné aux mots "santé" et "soins", tous ceux qui entourent une personne âgée peuvent être dits "soignants". Puisque soigner c'est aider à vivre, tous peuvent et doivent concourir au maintien ou à la restauration de sa santé, ou du moins à l'accompagnement dans toute cette période de sa vie.

"Charte des droits et libertés de la personne âgée dépendante (1)"

Art. 9 – Les soins (à la personne âgée) comprennent les soins médicaux et techniques, ainsi que ceux qui visent à compenser les handicaps, à rééduquer les fonctions, à soulager la douleur, à maintenir la lucidité et le confort, à réaménager ses espoirs et ses projets, à améliorer la qualité de la vie.

---

(1) Cette charte, établie par la commission "Droits et libertés" de la Fondation nationale de gérontologie, a été publiée en 1987 par le Secrétariat d'Etat chargé de la Sécurité sociale.

Les aides ménagères, les aides à domicile, les agents polyvalents et les divers services permettent à la personne de vivre dans un cadre de vie propre et hygiénique, mais aussi agréable et adapté à son état. Le souci du bien de la personne peut passer à travers de toutes petites choses : n'a-t-on pas vu une personne récupérer l'usage de son bras parce qu'on avait soin de mettre chaque jour un peu plus loin son cendrier ? Tous ceux qui ont en charge l'alimentation ont à prendre en considération non seulement l'aspect nutritionnel, mais aussi le plaisir de manger, car les repas peuvent aussi faciliter la vie et alimenter les conversations.

On parle volontiers de **"soins d'hygiène"** pour la toilette. Mais aider une personne à s'habiller, à se déplacer, à manger, ce sont d'authentiques soins. A tel point **qu'une certaine façon de les assurer va aider la personne à vivre**, et parfois à récupérer de l'autonomie, tandis que d'autres façons de faire l'enfonceront dans la dépendance. C'est dire l'importance du travail des aides-soignantes ou autres intervenants(1).

Pour l'infirmière, on pense spontanément aux soins curatifs ou de réparation : ceux qu'elle réalise sur prescription médicale (piqûres, pansements, traitements...). Mais le décret du 15 mars 1993 (après celui du 17 juillet 1984) donne une grande importance à son "rôle propre".

Exercice de la profession d'infirmier

Décret du 15 mars 1993 – article 2

Relèvent du rôle propre de l'infirmier les soins infirmiers liés aux fonctions d'entretien et de continuité de la vie et visant à compenser partiellement ou totalement un manque ou une diminution d'autonomie d'une personne ou d'un groupe de personnes.

Dans ce cadre, l'infirmier a compétence pour prendre les initiatives qu'il juge nécessaires et accomplir les soins indispensables conformément aux dispositions de l'article 3 ci-après. Il identifie les besoins du patient, pose un diagnostic infirmier, formule des objectifs de soins, met en œuvre les actions appropriées et les évalue. Il peut élaborer des protocoles de soins infirmiers relevant de son initiative. Il est responsable de l'élaboration, de l'utilisation et de la gestion du dossier de soins infirmiers.

Lorsque ces soins sont dispensés dans un établissement ou un service à domicile, à caractère sanitaire, social ou médico-social, l'infirmier peut, sous sa responsabilité, les assurer avec la collaboration d'aides-soignants ou d'auxiliaires de puériculture qu'il encadre et dans la limite de la compétence reconnue à ces derniers du fait de leur formation.

---

(1) Voir par exemple Régine Delplanque, "Le soin en gériatrie, un acte de vie" dans **Gérontologie** n° 94 (1995-2), pp. 8-14.

C'est dire combien l'infirmière a une grande place, non seulement en raison de ce qu'elle fait par elle-même, mais pour coordonner et stimuler l'action de tous les "soignants" au sens large(1).

Quant au rôle du médecin, il est frappant – et très éclairant – de voir comment il est à la fois relativisé (*"on médicalise trop !"*) et exalté (*"nous faisons une médecine à part entière"*) par des médecins exerçant à domicile (2) ou en établissement (3).

En bref...

La vieillesse n'est pas une maladie !

Certes, les anciens aussi peuvent être malades : certaines précautions – tout au long de la vie ! – peuvent prévenir des maladies et favoriser un vieillissement sain.

Mais la santé ne se réduit pas à l'absence de maladie : elle consiste à être bien dans sa peau et dans sa tête, et à être adapté à son environnement.

Alors, tous ceux qui entourent une personne âgée peuvent être considérés comme des "soignants", en ce sens qu'ils prennent soin d'elle pour l'aider à vivre.

---

(1) Voir par exemple : Béatrice Walter, **Soigner en gériatrie : un art, une passion**, Lamarre, 1991.

(2) Dr P. Guillet, *op. cit.*

(3) R. Sebag-Lanoë, *op. cit.*

Chapitre 8

Famille

"Nous avions pensé, prévu, cherché, décidé...
...mais il fallu..."
(Une femme, à propos de sa vieille mère)

Comme on vit de plus en plus vieux, il devient assez courant de connaître ses arrière-grands-parents. Mais aussi, à 60 ans, une personne sur quatre a encore au moins un de ses parents [(1)].

La famille, qu'on dit si malmenée, n'en reste pas moins la première valeur. Et plus on est en situation de difficulté et/ou de crise, plus les solidarités familiales sont sollicitées et mises à contribution : il faut compenser, comme on peut, les défaillances ou les insuffisances de la protection sociale ! Il semble que, s'il n'y a pas de grande explosion sociale, malgré les difficultés actuelles, c'est parce que la famille joue un rôle d'amortisseur. Mais cela ne va pas sans poser des problèmes. Pour des raisons géographiques ou autres, des familles connaissent beaucoup d'entraide, et d'autres pas du tout, ce qui provoque une inégalité regrettable. "Globalement, les solidarités familiales profitent aux plus riches, reposent essentiellement sur les femmes, et renforcent le pouvoir des plus vieux (les donateurs) sur les plus jeunes [(2)]".

Concrètement, les vieux parents assurent, tant qu'ils le peuvent, de multiples services : garde des petits-enfants, mais aussi aides financières... Nombre de (jeunes) retraités sont sollicités par leurs vieux parents, en même temps que par leurs enfants et petits-enfants... Mais l'âge, l'affaiblissement, la maladie peuvent modifier la situation...

Quand les problèmes surviennent

Un jour vient où la personne âgée ne peut plus faire autant : si elle n'a plus la même "utilité", que va-t-elle devenir ? Un jour peut venir où elle ne peut plus vivre sans une aide (très) importante de sa famille. Une grande enquête européenne affirme : *"La famille reste la plus grande institution mondiale de prise en charge des dépendants âgés. Dans la communauté européenne, on estime à 70/80 % la proportion de dépendants âgés soutenus par un membre de leur famille [(3)]"*.

Pour prendre en compte la dépendance d'un parent âgé, tout le système familial est concerné.

---

(1) INSEE.

(2) Jean-Hugues Déchaux dans **Informations sociales**, CNAF n°35-36, 1994.

(3) Enquête présentée dans **Années-Documents-Cleirppa**, n°224, janvier 1994, p. 2.

Une femme et sa mère (1)

Au printemps 19..., nous nous sommes retrouvés entre frères et sœurs pour réfléchir à la situation et prendre des décisions face au vieillissement de maman. Nous sommes onze enfants, tous mariés. Nous avions décidé qu'une de ses filles, qui habitait à proximité, lui porterait ses repas moyennant compensation financière qui serait la même si elle allait chez ses autres enfants. Ceci pour éviter que le souci d'économiser détermine son lieu de vie.

Nous aurions bien voulu qu'elle accepte une aide ménagère. Nous en avions fait la démarche. Mais ce n'était pas "sa décision à elle". Et très vite elle a refusé cette aide extérieure. Nous avions aussi cherché quelle solution prendre le jour où elle ne pourrait plus rester chez elle.

A la question "Qui peut la prendre ?", certains acceptaient à condition que plusieurs s'organisent pour l'accueillir à tour de rôle. Mais cela aurait obligé maman à s'habituer chez les uns et les autres. Nous savions d'avance qu'elle refuserait. Elle nous l'a assez exprimé. Son tempérament est tel qu'elle a besoin d'un chez elle.

Une autre question a été posée : *"Et la maison de retraite ?"*

Réponse, après un silence lourd : *"Nous sommes nombreux. Ne pourrions-nous pas essayer autre chose, sachant que maman ne désire pas la maison de retraite ?"*

Un de ses fils a pris la responsabilité de s'occuper de ses papiers, factures, etc. et surtout de la gestion de son argent. Pour elle ce fut un soulagement, mais aussi un grand pas vers la dépendance.

A la Toussaint, sa santé était déficiente. Elle ne pouvait plus rester seule chez elle et elle l'avouait. Plusieurs frères et sœurs, voyant la situation, se sont tournés vers moi en disant *"C'est chez toi qu'elle sera le mieux"*. Et c'est ainsi qu'elle est arrivée à la maison à ce moment.

Cela a supposé une organisation à l'intérieur de la maison. Un enfant, le plus jeune, 11 ans, a dû laisser sa chambre. Les enfants ont accepté cette présence sans trop de problèmes, habitués qu'ils étaient de la voir venir à la maison.

---

(1) Ce témoignage découpé en trois séquences, a été présenté dans le cadre d'un débat, animé par nous, **Quand nos parents vieillissent**.

A la maison, nous souhaitions être libres le week-end. Avec les frères et sœurs, nous avons organisé un planning pour que chacun en soit responsable le dimanche. Celui ou celle qui en avait la responsabilité venait la chercher le dimanche matin et la reconduisait le dimanche soir.

On dit souvent "la famille", au singulier. Cela ne doit pas nous empêcher de voir qu'il s'agit le plus souvent d'un pluriel : tous les membres de la famille. Il y a l'enfant le plus proche du parent âgé. Mais il y a aussi son conjoint et ses propres enfants. Et ses propres frères et sœurs. La famille est souvent un "système" très complexe d'éléments et d'interactions.

Par rapport au parent âgé, tout ce monde-là n'est pas situé de la même manière. Géographiquement, ce n'est pas la même chose d'habiter avec lui ou de venir le voir de temps en temps. Affectivement, suivant les âges, les vécus antérieurs... les liens de chacun(e) au parent âgé peuvent être fort divers.

De plus, les relations des membres de la famille entre eux peuvent être d'une grande variété : il y a ceux qui se voient sans cesse, ceux qui se supportent tant bien que mal, et toute la gamme des attitudes intermédiaires.

Et les choses peuvent encore se compliquer lorsque, par le jeu des recompositions, le réseau familial devient une mosaïque ou un puzzle. Les ex-gendre ou belle-fille, les demi-petits-enfants peuvent avoir de la peine à se situer par rapport aux anciens, et réciproquement. S'il y a des cas où cette multiplicité de descendants plus ou moins rapportés augmente, pour les parents âgés, les chances d'être entourés et soutenus, combien d'autres, au contraire, augmentent leurs risques de solitude ou d'abandon.

Si l'on essaie d'analyser le vécu psychologique des familles à l'égard de leurs parents âgés, on peut souligner que des sentiments positifs et des sentiments négatifs se mêlent le plus souvent et conduisent parfois à des attitudes ambivalentes [(1)].

Parmi les sentiments positifs on peut citer :

- l'amour filial, la tendresse, l'enrichissement apporté par la présence d'une personne âgée dans la famille ;
- le souci que les besoins et désirs de la personne âgée soient satisfaits (présence rassurante, participation aux événements familiaux, distractions, etc.) ;
- la volonté d'éviter au parent âgé le transfert dans une institution spécialisée.

Parmi les sentiments négatifs on peut citer :

- la peur de faillir à son devoir filial en n'accueillant pas chez soi son parent âgé ;
- la révolte devant la détérioration d'un parent dont on voudrait garder une image positive... jusqu'au bout *("Je n'accepte pas qu'elle ne me reconnaisse plus")* ;
- la peur de ne pas avoir le comportement voulu, de ne pas savoir accompagner (*"Je ne sais pas quoi faire"*) ;
- le trouble profond qui peut venir du sentiment que le rapport d'autorité s'inverse : *"Voilà que je donne des ordres à mes parents !"* ;
- l'angoisse de la mort, de la perte de l'être cher, de la disparition du dernier rempart devant sa propre fin ;
- la peur de se perdre soi-même dans une relation trop affective, de sacrifier sa famille, son couple (*"Mon mari se fâche"*) ;
- l'incompréhension d'autres membres de la famille devant les difficultés vécues.
- et, résultat d'un peu tout cela : un sentiment de culpabilité d'autant plus difficile à vivre qu'il ne peut pas s'exprimer ;
- à quoi peuvent s'ajouter, parfois, des sentiments de haine et/ou de vengeance, qui peuvent conduire à de mauvais traitements plus ou moins visibles.

De l'équilibre entre ces sentiments négatifs et positifs va dépendre la qualité de vie avec le parent âgé, et le bien-être de celui-ci.

Plus difficile, sans doute, sur le plan psychologique, est la prise en charge d'un parent âgé désorienté ou dément.

---

(1) Les remarques qui suivent doivent beaucoup à une intervention de Jean Ormezzano, psychologue spécialisé dans l'étude du groupe familial (bulletin du CEAS des Vosges, juillet 1989, p. 13).

On peut comprendre la souffrance d'un enfant de ne plus être reconnu par son père ou sa mère dément(e), de ne plus pouvoir communiquer avec lui comme auparavant.

A toutes les craintes déjà exprimées, s'ajoutent aussi celles de ne pas savoir :

- comment assurer la sécurité de la personne âgée sans l'emprisonner et lui défendre toute liberté de mouvement ;
- comment l'occuper, l'entourer dans la vie quotidienne.

Les témoignages de familles qui accueillent un parent âgé désorienté ou dément disent bien leur inquiétude ou désarroi, et les difficultés d'avoir un comportement adapté.

Des aides pour les aidants

Pour que les familles puissent continuer d'aider, quand la situation devient plus difficile, il faut qu'elles soient aidées.

Les aides, il en existe. Mais elles sont trop peu connues, qu'il s'agisse des aides matérielles (lit ou fauteuil adapté, portage de repas, téléalarme, etc.) ou des intervenants à domicile (aide ménagère, auxiliaire de vie, service de soins à domicile(1)...), accueil temporaire(2), diverses formations pour les familles...

Autant de moyens qui peuvent soulager la famille, d'une part en lui permettant un répit (pendant que l'aide ménagère est là, je peux aller faire mes courses... ou me promener), d'autre part en lui procurant une rencontre et une présence qui la sortent de sa solitude.

La première difficulté, pour les familles, est de connaître ces aides et d'y avoir accès. Les financements de l'aide à domicile se réduisent dangereusement.

Autre difficulté : que les familles acceptent de profiter de ces aides pour se libérer. Or, il y a encore trop de conjoints et d'enfants qui "se font un devoir" de ne jamais laisser la personne. Et la société contribue parfois beaucoup à cette culpabilisation (*"C'est toi l'épouse ! Tu ne vas quand même pas prendre du bon temps alors qu'il est si mal !"*). Comment faire comprendre aux uns et aux autres que prendre un peu de distance (y compris pour se détendre) c'est le meilleur moyen pour être pleinement présent quand on est là ?

Cependant, même les aides ne vont pas sans problèmes. D'un côté, elles soulagent. D'un autre, elles peuvent entraîner de nouvelles complications.

---

(1) Voir par exemple l'article de Nicole Lépine dans "Etre vieux", **Autrement** n°124, p. 75 sq.

(2) Voir UNIOPSS, **L'accueil temporaire**, Syros, 1994.

Une femme et sa mère (suite)

L'état de maman s'est aggravé. Il a fallu modifier bien des choses.

Outre le matériel nécessaire – lit médicalisé, fauteuil roulant extérieur, montauban, déambulateur – il fallait aussi ouvrir la maison à tout le personnel médicalisé : aide-soignante le matin, kiné plusieurs fois la semaine, docteur.

De plus, pour me permettre une vie équilibrée, je prévoyais deux après-midi de sortie par semaine, pour lesquels il me fallait quelqu'un à la maison. Aussi nous avons salarié une personne (salariée de maman) environ cinq-six heures par semaine. Elle me remplaçait : lever après la sieste, promenade quotidienne en fauteuil, la marche et le goûter.

Au départ, j'appréhendais cette situation. Il a fallu que je me dépasse pour accepter le va-et-vient de tout ce monde dans la maison, y compris dans les lieux intimes, salle d'eau par exemple.

En même temps, le contact presque quotidien du personnel médical, aide-soignante surtout, m'aidait moralement. Je ne me sentais pas seule pour m'occuper de maman. Et pour maman aussi cela était bénéfique. Cela lui permettait d'accepter un peu plus sa situation de dépendance.

Pour préserver le milieu familial, je m'organisais pour recevoir le personnel médical les jours où les enfants n'étaient pas à la maison. Par exemple, les aides-soignantes ne venaient pas le mercredi, samedi et dimanche ; et la personne qui venait me remplacer partait à l'heure où les enfants rentraient de l'école. Je n'ai pas pu obtenir la même chose du kiné qui nous a toujours dérangés à l'heure du repas, et les enfants n'ont pas toujours bien accepté. Vivre cette situation suppose aussi d'être à l'aise avec tout ce personnel, y compris le docteur de famille qui faisait souvent allusion à la maison médicalisée, laissant supposer qu'il considérait comme anormale la présence de maman à la maison.

Les frères et sœurs demandaient souvent des nouvelles et aidaient moralement par une présence téléphonique fréquente. Les plannings de week-ends ont été revus et nous avons dû nous organiser pour nos absences de quelques week-ends et les vacances. Il a bien fallu accepter le fait de laisser la maison aux frères et sœurs qui se proposaient de garder maman.

Les intervenants à domicile cherchent assez facilement à "associer" la famille à leur travail, en lui demandant une aide plus ou moins importante. Ceci est déjà important, quand c'est possible. Par contre, on ne prend pas toujours assez en considération le fait que la famille connaît elle-même, du fait de l'état du parent âgé, des difficultés de toute nature (physiques, psychologiques, économiques, sociales, administratives...). C'est pourquoi, même si elle est prête à aider les intervenants, elle a besoin d'être aidée par eux. Et ils n'en ont pas toujours conscience, ou ils ne pensent pas que c'est un de leurs rôles, ou ils n'y sont pas assez préparés. C'est pourtant un point capital pour la réussite du soutien à domicile.

Les soins les plus spécialisés, les techniques paramédicales (traitements, injections, gros pansements...) sont la raison même de l'intervention des soignants. Cependant, il arrive que la famille réalise quelques-unes de ces tâches : effectuer un massage, soigner les escarres, faire un prélèvement sanguin... Mais là, les familles peuvent se sentir prises entre : d'un côté, le contentement de pouvoir ainsi aider la personne et le sentiment qu'accomplir de telles tâches les valorise ; d'un autre côté, la crainte qu'on leur en demande trop !

Les familles et les soignants ont aussi leurs limites. Côté **familles**, toutes les personnes n'ont pas les mêmes capacités. A l'opposé des personnes qui assurent les tâches même spécialisées, on trouve au contraire des personnes qui se disent incapables de poser correctement l'urinal. Il faut en tenir compte ! Côté **soignants**, il est possible que tous n'aient pas le même souci de faire participer la famille, ou qu'ils n'aient pas tous les mêmes dons pour aider la famille à y arriver.

Pour les soins d'hygiène, il est clair que la famille joue généralement un rôle plus important. Là, un autre élément plus décisif intervient : la relation de la personne au corps malade de l'autre. Mais, c'est rarement exprimé, plutôt caché derrière d'autres raisons. Par exemple, pour éviter d'avoir à faire une toilette ou des soins corporels, on dira peut-être seulement que les malades sont "lourds" ou "exigeants", mais cela suffira pour justifier l'appel au savoir-faire des aides-soignants.

C'est pour ces soins d'hygiène qu'on peut voir le plus facilement le clivage entre les soins où la famille est prioritaire, et ceux où ce sont les soignants qui sont premiers. Il y a des soins que les familles considèrent comme relevant des soignants, ou du moins comme étant mieux assurés par eux ; et si la famille intervient en ce domaine, c'est en "complément" des soignants, pour les suppléer s'ils sont absents, et peut-être les aider s'ils ne peuvent suffire. Il y a au contraire des soins que les familles considèrent comme étant de leur ressort ; si les soignants y touchent, c'est en complément des familles ou à leur place. Là aussi, il n'y a pas de frontière valable pour tous. Ceci dépend de l'appréciation des familles, donc à la fois de la façon dont les familles évaluent leurs propres possibilités, et aussi de la façon dont les soignants se situent par rapport à la famille.

Le soutien à domicile : une affaire de femmes

Qu'il soit assuré par l'épouse, la mère, la fille, la belle-fille, parfois une voisine, le soutien à domicile est essentiellement une affaire de femmes ! Qu'on le regrette ou non, c'est un fait [(1)].

Il en découle pour la femme : **une surcharge de travail** et un accroissement de responsabilité. Car cette nouvelle tâche ne la dispense pas des autres. Et en plus, c'est à elle de trouver les moyens pour que cette maladie ou ce handicap d'un membre de la famille n'empêche pas l'équilibre familial.

S'y ajoute souvent **une angoisse** (mais qui, la plupart du temps, n'est pas exprimée). S'il s'agit des vieux parents (ou beaux-parents) qui déclinent, la fille (ou la belle-fille) se demande si, quand elle sera dans cet état, sa fille s'occupera d'elle ; elle peut même s'angoisser du spectacle qu'alors elle donnera à sa fille.

Quand on demande à une femme le détail des tâches supplémentaires entraînées par le maintien à domicile, très vite on tourne court. Cela lui paraît indescriptible parce que c'est **une multiplicité de petites attentions et de petites choses, "des petits riens"** disent-elles. Les sociologues ont inventé une expression pour désigner cette façon féminine d'assurer, mine de rien, la vie de la famille et de la maison. Ils appellent cela **"travail invisible" :** quelque chose qui remplit tout son temps et mobilise toutes ses ressources personnelles, mais qui apparaît comme un "non-travail", rien !

---

(1) Voir par exemple Geneviève Favrot-Laurens, "La charge du soutien familial" dans **Informations sociales**, CNAF, 1990, n°6-7, p. 28-33.

De plus, la relation qu'on observe assez fréquemment entre personne aidée et femme peut donner à réfléchir sur **le "statut" de la personne en le rapprochant de celui de l'enfant**. En effet, la personne, privée de certaines de ses facultés, ou du moins ne pouvant les exercer, se trouve un peu dans la situation de l'enfant qui n'a pas encore le plein usage de ses facultés.

Cela doit nous alerter sur un danger possible : celui de s'installer dans la situation. En effet, côté personne aidée, il ne faut pas négliger ce qu'on appelle "les bénéfices secondaires" de la maladie ; s'il est dur de devenir vieux et dépendant... il se peut très bien que, une fois dans cette situation, on y trouve des avantages : par exemple la tranquillité (au début), l'attention des autres, leurs petits soins. La personne peut alors être tentée d'en demander de plus en plus, et d'en faire de moins en moins, ce qui ne fait qu'accroître sa passivité et sa dépendance. Ajoutez à cela, côté famille, une femme heureuse de "materner", et qui en rajoute un peu... Le résultat peut très bien être que la personne s'installe (inconsciemment) dans sa situation. A la limite, ce processus peut devenir infantilisant et conduire la personne à un statut de "mineur" qui, non seulement ne peut rien faire, mais ne peut rien décider. N'est-ce pas exactement le contraire de ce qu'on cherche, et de ce qu'on doit chercher, si du moins on a une juste idée de la santé et des soins ?

Entrée en établissement

Malgré tout ce que peut faire la famille, même aidée, il n'est sans doute pas toujours possible que la personne âgée reste à domicile, en raison de la conjonction entre l'aggravation de son état et les limites du soutien familial. Là se posent deux nouveaux problèmes : la décision est difficile à prendre (dans le respect de la volonté du parent âgé), et il n'est pas souvent facile de trouver la solution adéquate, la place qui convient.

Une femme et sa mère (fin)

Au fil des mois, sa santé a décliné et à la dépendance physique s'est ajoutée une "dépendance psychique". Elle prenait la nuit pour le jour. Les nuits devenaient imprévisibles et souvent perturbées, ce qui n'était plus supportable pour la famille. Le docteur a essayé plusieurs calmants jusqu'au jour où un médicament l'a mise dans un "précoma". Pendant deux jours, il m'était difficile de l'alimenter et de la lever. La voyant ainsi, le docteur l'a hospitalisée. L'hôpital n'a fait qu'aggraver sa santé en essayant d'autres calmants qui ont entraîné des infections pulmonaire et urinaire nécessitant d'autres soins prolongés.

Dans cette situation, il nous était difficile de la reprendre. Nous avions fait la preuve de notre capacité à faire face à la dépendance physique. Mais la dépendance psychique, qui ne pouvait que s'aggraver, nous laissait désemparés. La décision de la maison de retraite a été prise avec tous les frères et sœurs qui se rendaient compte de la difficulté. Son départ a laissé un vide dans la maison. Les enfants ont réagi très vite, demandant qu'on la reprenne ; il nous a fallu accepter la situation. Nous aurions aimé l'accompagner jusqu'au bout de sa vie dans le même bonheur. L'attention qu'on lui a portée pendant deux ans et demi a été telle que pour nous la maison de retraite ne peut être qu'imparfaite. Ils s'étaient attachés à leur grand-mère.

Entre frères et sœurs, nous avons réorganisé un planning des dimanches et des jours en semaine. Maman est pratiquement assurée d'avoir une présence tous les après-midi. Nous pensons que c'est là le meilleur accompagnement possible et qu'elle a bien mérité que nous, ses enfants, nous fassions un effort pour elle.

Là aussi, là surtout peut-être, la famille a besoin d'être aidée à se déculpabiliser. Sinon, sa culpabilité peut très facilement se transformer en agressivité contre le personnel de l'établissement : on est d'autant plus exigeant pour eux qu'on a le sentiment d'avoir soi-même raté quelque chose ; faire des reproches à d'autres permet de ne pas s'en faire à soi-même. Mais tout cela est inconscient, et donc d'autant plus difficile à gérer.

Certes, il n'y a pas toujours à déculpabiliser. Car il se passe parfois des choses horribles : tel enfant ne vient qu'aux moments où le vieux parent touche sa pension ; tel autre vient dans la chambre de sa mère mourante, prendre les mesures des meubles pour voir s'il pourra les faire entrer dans sa maison... On ne peut ni approuver, ni favoriser de tels comportements.

Mais qui peut juger ? Personne ne connaît jamais suffisamment la famille, et son histoire, même si on en recueille des éléments : il peut toujours y avoir du non-dit et de l'inconscient.

En établissement aussi, tout le monde y gagne quand les familles peuvent être associées à la vie de l'établissement (1). Il ne faut certes pas leur demander trop, ni les assimiler à des professionnels. Mais, que ce soit par les conseils d'établissements ou par d'autres moyens, les familles peuvent apporter beaucoup à la vie de la maison et même y développer des initiatives très intéressantes. Là aussi, il convient de ne pas oublier que les familles ont besoin d'être comprises et aidées, et que le responsable et le personnel de l'établissement agissent en conséquence.

En bref...

Les familles sont souvent décriées : on les dit trop éloignées de leur parent âgé, ou au contraire on trouve leur présence trop pesante.

En fait, ce sont les familles qui assurent l'essentiel de l'accompagnement des personnes vieillissantes. C'est normal. Et c'est une source de joie, et même de satisfaction profonde, pour les diverses générations, même si ce sont surtout les femmes qui sont mises à contribution.

Pour pouvoir ainsi accompagner et aider leurs parents vieillissants, les familles ont souvent besoin d'être elles-mêmes accompagnées et aidées. En particulier lorsque la tâche est lourde et dure longtemps, ou au moment de décisions cruciales.

(1) Voir, par exemple, Colloque Fondation de France d'octobre 1994.

Chapitre 9

Relations, solitudes...

"Dans la vie, on est toujours seul,
et plus tôt l'on s'en aperçoit,
mieux on se porte."
(Bernard Werber, romancier [1])

La solitude est aujourd'hui considérée comme un fait de société important, et elle n'épargne personne. Pourtant, l'opinion publique a tendance à lier exagérément solitude et vieillissement.

A côté de cela, dans Francoscopie, Gérard Mermet fait état d'une enquête qui révèle que *"les principaux signes de vieillissement craints par les Français pour eux-mêmes sont : la dépendance vis-à-vis des autres (49 %), la dégradation physique (48 %), la perte de la mémoire (37 %), la solitude (36 %)* [2]". La crainte de la solitude n'arrive qu'en quatrième position !

Et on a raison, car vieillesse ne rime pas systématiquement avec solitude ! Témoin, cette femme, retraitée, 68 ans, vivant en milieu rural : *"Depuis que je suis à la retraite, je n'ai jamais tant eu de choses à faire. Il y a le club où je retrouve des amis ; les marches en forêts avec un autre groupe ; des responsabilités dans une association qui me prennent beaucoup. Et aussi les petits-enfants. Les journées passent vite et je suis heureuse de me retrouver seule chez moi le soir* [3]*"*.

Mais pour d'autres, hélas, la solitude est bien là, présente, angoissante... comme pour cette vieille femme veuve : *"C'est cette solitude qui est difficile à supporter. J'ai très peur de la mort, et surtout de mourir seule. Les fins de semaine et la nuit, je n'ai personne que je puisse appeler, puisque mes voisins, à qui j'ai donné l'adresse de mon fils, ne sont pas là. On me trouvera un jour tombée là* [4]*"*.

---

(1) Bernard Werber, **Le jour des fourmis**, Albin Michel, 1992.

(2) Gérard Mermet, **Francoscopie**, Larousse, 1991.

(3) Témoignage rapporté par Antoinette Mayrat, "Vieillesse et solitude de la femme", in **Gérontologie et société** n°27, Isolement et solitude, 1993.

(4) Témoignage rapporté par Antoinette Mayrat, *op. cit.*

Etre seul ou se sentir seul ?

"Etat d'une personne seule, retirée du monde". C'est ainsi que le dictionnaire (Larousse) définit la solitude. Or, chacun d'entre nous, à un moment ou à un autre, a éprouvé un sentiment de solitude, sans pour autant être isolé du monde. Et inversement, on a pu parfois être isolé (de façon volontaire ou non) sans souffrir de solitude.

"En 20 ans, le nombre de personnes seules a doublé, passant de trois à six millions. Désormais, une personne sur dix habite seule. La moitié des personnes seules sont âgées de plus de 60 ans et 80 % d'entre elles sont des femmes (1)*"*.

Proportion de personnes vivant seules par âge en 1982 et en 1990 (2)

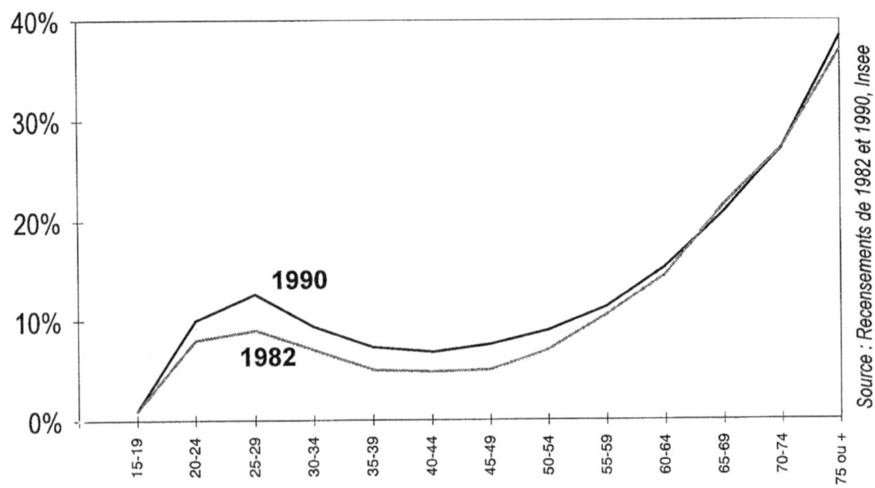

L'isolement (au sens physique du terme) n'est pas forcément synonyme de solitude. Et ce n'est pas parce que les personnes âgées ont, pour certaines, moins d'amis ou de proches qu'autrefois qu'elles n'ont plus de relations sociales. **Ce qui compte, ce n'est pas tant la quantité de relations que la qualité de chacune d'entre elles**. C'est pourquoi certains souffrent de solitude au milieu d'une foule. Le sentiment de solitude n'est pas l'apanage de ceux qui vivent seuls. D'ailleurs, l'enquête réalisée par M. Hannoun sur les solitudes montre que 22 % des Français qui ne vivent pas seuls disent éprouver un sentiment de solitude. A côté de cela, 47 % des personnes qui vivent seules font le même aveu. Cela signifie donc que 53 % des personnes vivant

(1) INSEE Première n°200, mai 1992.

(2) *Id.*

seules disent paradoxalement ne pas éprouver souvent un sentiment de solitude. Ces quelques chiffres tendent à souligner **que la solitude est avant tout un sentiment ;** *"elle est vécue d'une façon très personnelle, subjective et intérieure* (1)*."*

On peut donc vivre seul et ne pas se sentir seul. Cette femme de 63 ans, vivant seule, paralysée depuis cinq ans, ne dit pas autre chose : *"Solitude ? Connais pas, j'ai la radio, la télévision, les livres pour me tenir compagnie. Mes voisins viennent m'aider et bavarder avec moi. Ils me racontent leurs soucis. Ils savent bien que je suis toujours prête à les écouter. De plus, j'aide un enfant de mes voisins à faire ses devoirs, sa mère travaille et ne peut s'en occuper comme il faudrait. Je ne me sens jamais seule* (2)*."* En fait, c'est elle qui aide les autres, en les écoutant, en étant là.

Pourtant, quoi qu'on en dise, la solitude a, aux yeux de la plupart d'entre nous, mauvaise réputation... On l'associe à des mots tels que : ennui, tristesse, incompréhension, dépression, exclusion, suicide parfois... Et il est vrai que plus de la moitié des Français confèrent à la solitude un caractère plutôt insupportable.

Une étude du CREDOC (3) révèle qu'une personne de plus de 60 ans sur trois reconnaît souffrir de solitude : 25 % de temps en temps, 5 % souvent, 3 % tout le temps.

Trois facteurs, selon les enquêteurs, semblent expliquer cette souffrance :
- un isolement familial important ;
- une vie personnelle difficile ;
- des problèmes de santé.

Il suffit, pour certaines personnes, d'un seul de ces facteurs pour éprouver un sentiment de solitude et, lorsqu'ils se cumulent, la souffrance est d'autant plus importante et insupportable.

Quand la solitude devient insupportable

"La solitude c'est dur, c'est le plus dur ; je ne suis pas abandonnée, il y a ma nièce au-dessus de chez moi... mais malgré tout, ça ne vaut pas la chaleur d'une famille plus près. Et en vieillissant c'est pire... on a moins d'occasions pour s'occuper."

---

(1) Michel Hannoun, **Solitudes et sociétés**, PUF, Collection Que sais-je ?, 1993.

(2) Témoignage rapporté par Antoinette Mayrat, *op. cit.*

(3) CREDOC (Centre de recherche pour l'étude et l'observation des conditions de vie) : étude sur "le sentiment de solitude chez les personnes âgées de 60 ans et plus". Des éléments de l'étude sont parus dans **Le Monde** du 1er avril 1995 et dans **Partage** n°97, mai 1995.

Cette femme de 89 ans préfère, quand elle voit la période des vacances arriver, aller dans une structure d'hébergement le temps d'un mois ou deux, *"parce que autrement, dit-elle, je suis des fois toute seule dans l'immeuble, alors je m'ennuie, j'ai le cafard."*

Parfois, la solitude est tellement difficile à supporter pour certaines personnes qu'elle génère des comportements pathologiques car, pour elles, la solitude c'est non seulement le fait de vivre seul mais plus encore le **sentiment de ne compter pour personne**. Leur solitude rime avec douleur morale, souffrance... Ces solitudes s'accompagnent parfois d'un repli sur soi (on se renferme), d'une baisse de l'estime de soi (on ne croit plus en soi et on se sent abandonné par les autres), parfois de dépression, de tentative de suicide, voire de suicide !... *"On se suicide après 80 ans plus qu'à n'importe quel autre âge* [1]*"*. Il y a ceux qui fuient ou se réfugient dans l'alcool et ceux qui consomment exagérément des neuroleptiques, tranquillisants et autres antidépresseurs... Il y a ceux qui, également, se plaignent sans cesse de maux ici ou là. Ils se perçoivent très malades, font venir le médecin...

Certaines personnes en maison de retraite, souffrant de solitude (parce qu'hélas, on peut souffrir de solitude en maison de retraite) développent une dépendance excessive envers les autres et essentiellement les personnels. *"La personne âgée est heureuse quand les autres font des choses à sa place et abuse même de leur aide. Etant donné qu'elle n'a que peu ou pas d'autres contacts avec des visiteurs, elle peut développer une hyperdépendance à l'égard des soignants et se les accaparer. Cette attitude indispose souvent les autres et les fait fuir, car ils se sentent étouffés par la relation exclusive que l'aîné veut établir avec eux* [2]*"*.

Tous ces comportements expriment une souffrance morale très grande. Pour aider ces personnes, il est important que l'entourage comprenne ces manifestations comme l'expression d'une douleur et non comme un caprice. Combien de fois, en effet, entend-on dans la bouche d'aidants à propos d'une personne âgée : *"C'est du cinéma qu'elle nous fait !"* En fait, ces comportements, ces attitudes sont autant de demandes déguisées (des appels au secours) pour exprimer un besoin de relation, d'affection...

Sans pour autant sombrer dans ces comportements extrêmes, un grand nombre de personnes cherchent à combattre la solitude, à l'éviter, ou à ne pas y penser. *"De toute façon, la solitude est une des conditions de notre vie !"* On met en place des dérivatifs qui permettront de déplacer, reporter, nier, au mieux oublier sa solitude. Pour les uns, il s'agira d'un animal-

---

(1) Michel Hannoun, *op. cit.*

(2) Louise Berger, Danielle Mailloux-Poirier, **Soins gériatriques, problèmes complexes et interventions autonomes**, Maloine, Québec, 1991.

compagnon : *"J'ai une compensation, c'est mon chat. Il vient me faire la fête quand je rentre, c'est comme s'il comprenait, comme s'il partageait mes soucis. Il m'apporte une présence"*, confie cet homme vivant seul.

La présence d'un animal est avant tout recherchée pour la compagnie qu'il procure et, dans la majorité des cas, il aide à ne pas se sentir seul, au point d'y être autant attaché qu'à une personne.

Quand l'animal meurt ou que la personne est contrainte de l'abandonner parce qu'elle entre en institution, sa solitude peut parfois s'aggraver de façon dramatique. Et inversement, l'intégration dans la maison sera d'autant plus facile pour une personne qui n'aura pas eu à se séparer du fidèle compagnon de ses 10 ou 15 dernières années !...

Pour d'autres, il s'agira de planifier la journée, de la remplir surtout : lecture, télévision (qui tient compagnie à beaucoup de personnes seules), courses, promenade, etc. *"Je me suis bien organisée. Tous les jours, je sors le matin, je fais un tour au parc. Il est tellement beau le parc ! Après, je fais mon ménage, je prépare mon dîner et après dîner, je regarde un feuilleton à la télévision"*, confie cette femme veuve qui ne veut surtout pas laisser un peu de vide s'installer dans sa vie.

Et puis, même si on arrive à s'en accommoder habituellement, il y a des jours où la solitude devient insupportable. Ce sont notamment les jours de fêtes, *"Ce que je ne peux pas supporter, c'est que, ce soir, je serai toute seule pendant que tout le monde fera la fête et le réveillon"* dit une femme. Et une autre : *"Si seulement je pouvais rayer du calendrier toutes les fêtes : Noël et le premier de l'an, la fête des pères et la fête des mères, tout ça..."* Un homme, qui a toujours vécu seul, a failli passer seul le jour de Noël. Heureusement, un repas de Noël pour personnes seules a été organisé. En le savourant, il a dit à son voisin de table : *"S'il n'y avait pas eu ça, j'aurais bouffé une boîte de pâté, et je serais resté couché toute la journée !"*

Et puis, il y a ces personnes qui ont apprivoisé la solitude jusqu'à s'en faire une amie.

"Ma solitude, affirme une femme veuve, *a développé en moi une grande sensibilité aux gestes d'accueil ; un coup de téléphone, une missive reçue, tout cela me cause beaucoup de plaisir".*

Et que dire de cette autre femme qui se retrouve brutalement seule avec ses enfants ? Sans métier, elle passe ses journées seule – pendant que ses enfants sont à l'école – à jardiner, à repriser, à cuisiner, à penser et à repenser... Et finalement, quand vous la voyez, elle ne semble pas souffrir de cet isolement ; au contraire, elle a apprivoisé cette solitude pour en tirer le meilleur parti.

Ce qui favorise la solitude

Beaucoup d'éléments, semble-t-il, entrent en ligne de compte. Mais, ceci dit, dans leur ouvrage, Louise Berger et Danielle Mailloux-Poirier [1] dressent une liste de facteurs favorisant l'apparition de la solitude et de l'isolement chez les personnes âgées.

- Il y a d'abord la situation de la personne, par exemple son âge, le fait d'être veuf, de vivre seul...
- Son état physique : maladie, handicap qui empêche de sortir ou même de bouger, déficits sensoriels (surdité, cécité)...
- Son état psychologique : pertes de proche ou même d'un animal, privation de contacts, troubles du comportement...
- Eléments sociaux ou économiques : manque de ressources, d'activités, déracinement, préjugés...

Des remparts à la solitude

• La famille

Le fait de vivre en couple, quand on est âgé, est souvent un rempart à la solitude. De même, les liens avec les enfants et petits-enfants sont très importants pour éviter que le sentiment de solitude s'installe durablement. L'enquête du CREDOC révèle que, dans 73 % des cas, la personne voit au moins l'un de ses enfants une fois par semaine et, dans 15 % des cas, au moins une fois par mois. Dans deux cas sur trois, les relations sont jugées satisfaisantes, il reste donc qu'un tiers des personnes de plus de 60 ans déclarent ne pas voir suffisamment souvent leurs proches. Pour de nombreuses personnes, pourtant, "la présence des petits-enfants aide à en surmonter les épreuves.

---

(1) Louise Berger et Danielle Mailloux-Poirier, *op. cit.*

Non pas seulement par leurs rires à l'entrée dans la vie, mais plus tard aussi, quand, à leur tour, ils deviennent progressivement adultes. Les grands-parents trouvent alors dans l'image de leurs petits-enfants comme une signature confirmant le poids de leur propre vie. Voici qu'ils reçoivent, à leur tour, de leurs descendants, cette attestation de la continuité du temps qui fait de leur vie une histoire(1)".

• L'animal de compagnie

On l'a déjà évoqué plus haut.

> Mme Z a chez elle une bonne douzaine de serins. *"Ah ! ça crie ! ça distrait, qu'est-ce que vous voulez. Je leur cause. Quelquefois ils me répondent. Enfin, à leur manière. Il y en a un principalement, il y a six mois que je l'ai. Alors celui-là, quand je lui cause, il tourne la tête... Je dis : eh bien ! tu as compris ce que je t'ai dit (2) !"*

• Le bénévolat

Un certain nombre de personnes arrivant à la retraite basculent du jour au lendemain dans une vie inactive où, si on n'y prend garde, l'ennui et la solitude s'installent rapidement. Pour combattre cela, un grand nombre choisissent de s'investir dans des activités bénévoles qui, non seulement occupent le temps, mais en plus et surtout permettent de se sentir toujours utile à la société. Toutefois, un colloque organisé à Angers a mis en évidence un déficit d'information à ce sujet. Les personnes retraitées ne savent pas forcément où s'adresser, ni ce qu'elles peuvent faire...

• Les clubs du 3e âge

Trop souvent décriés (pas toujours à tort), ils constituent des lieux de rencontre, d'échange... parfois d'initiatives, d'actions...

• Le voisinage

M. X a refusé de s'acheter un réfrigérateur car il craint alors que sa voisine, qui vient deux fois par jour lui préparer ses repas, ne vienne plus, ou moins souvent !...

---

(1) Louis Roussel, "Les grands-parents, figures du temps", in **Gérontologie et société** n°68, "Relations familiales", 1994.

(2) Témoignage rapporté par Antoinette Mayrat, *op. cit.*

• Et n'oublions pas **le facteur**, visite brève mais quotidienne...

"Il y a quatre ans, nous avons créé le service SVP-facteur : chaque administré possède un badge magnétique qu'il peut fixer sur sa boîte aux lettres. Lors de sa tournée, si le facteur voit le badge, il sait que sa visite est attendue dans la maison. Nous sommes ici farouchement contre le système des boîtes aux lettres fixées au bout des chemins, le long des petites routes. C'est une monstruosité. Les facteurs ont un rôle social important à jouer, notamment en milieu rural où les personnes âgées isolées sont nombreuses. Nous l'avions subodoré lorsque nous avons décidé de mettre sur pied SVP-facteur. Mais le résultat a dépassé nos prévisions.

Au facteur, on demande de changer une bouteille de gaz, d'apporter un kilo de sucre oublié, mais au facteur, surtout, on se confie. Nous sommes assermentés. Les gens ont confiance dans le service de la Poste.

Lorsque l'on raconte notre quotidien, on a l'impression d'être dans un autre monde. Partout, on ne parle que de chiffres, de rentabilité immédiate. Tout est économique dans notre système. Mais moi, je pense qu'on ne pourra pas éternellement faire l'économie des relations avec ceux qui sont seuls."

Un receveur de la Poste (1)

• Le téléphone

Il permet d'être relié avec l'extérieur quand on le veut (pour peu que notre interlocuteur soit là !).

Une aide à domicile racontait en formation : *"Mme A s'est retrouvée seule après le décès de son mari. Elle souffre énormément de solitude. J'interviens chez elle deux fois par semaine, on discute beaucoup. Mais l'outil qui lui est le plus utile, c'est le téléphone. Elle passe ses week-ends, qui n'en finissent pas, à téléphoner à ses amies, à sa sœur, à sa fille qui habite loin..."*

• La télévision

La télévision procure parfois des émotions, des sensations oubliées, en tout cas, elle distrait, occupe, aide à faire passer le temps. On entend bien souvent des personnes seules parler de la télévision comme d'une compagnie : *"Elle, au moins, est toujours là !"*

---

(1) Témoignage rapporté par **Entourage**, mars-avril 1994.

En bref...

"Amie inestimable, ennemie mortelle, solitude qui ressource, solitude qui détruit" : Françoise Dolto souligne ainsi les deux versants de la solitude. Elle peut être cette amie inestimable pour peu qu'on sache s'en accommoder, qu'on veuille bien l'apprivoiser et sans doute qu'on puisse la rompre de temps en temps. Mais la solitude peut être aussi cette ennemie mortelle qui vous colle à la peau et vous empêche parfois d'entrer en relation avec d'autres.

Pour parer à la solitude, les personnes âgées font tout ce qu'elles peuvent pour conserver des liens avec leur famille, leur voisinage, certaines s'investissent dans des associations, ou vont se divertir et rencontrer des amis dans des clubs... Mais d'autres auraient plus de difficultés pour lutter contre ce sentiment douloureux que constitue leur solitude...

Chapitre 10

Communiquer avec des personnes vieillissantes

*"La nature nous a dotés d'une langue
et de deux oreilles, afin que nous écoutions
le double de ce que nous parlons."*

(Zénon, philosophe grec)

Tout être humain a besoin de parler, d'être entendu, écouté, pour se sentir relié aux autres et finalement se sentir exister. Mais, en même temps, parler, c'est prendre des risques, car on peut être mal compris, ou même jugé, donc déçu ou même meurtri.

Cette ambiguïté ne doit pas nous étonner, tant la communication est compliquée.

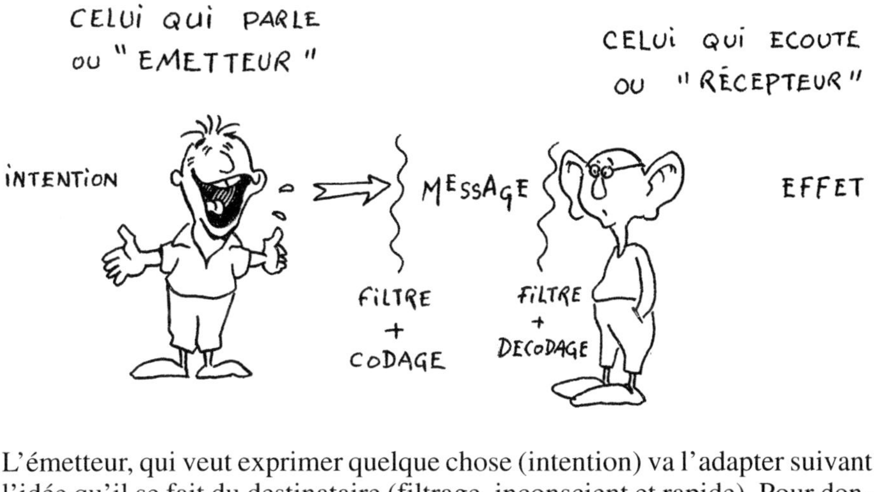

L'émetteur, qui veut exprimer quelque chose (intention) va l'adapter suivant l'idée qu'il se fait du destinataire (filtrage, inconscient et rapide). Pour donner forme à ce qu'il veut dire, il puise dans son vocabulaire les mots (codes) qui lui paraissent adaptés (codage). Son message est alors constitué. Il passe par un canal de transmission (la voix).

Le récepteur va devoir faire le même travail, en sens inverse : décoder et filtrer, pour comprendre le message (effet).

Déjà des difficultés

Dans ce schéma (simplifié !) de la communication, des difficultés peuvent se manifester un peu partout.

Ce qui commande le **filtrage**, c'est l'idée, l'image que chacun se fait de l'autre. Or beaucoup d'approximations ou d'erreurs peuvent fausser cette image. Si, par exemple, la personne voit dans le médecin quelqu'un qui sait tout, elle peut lui faire une confiance exagérée. Inversement, beaucoup de personnes âgées ont de la peine à faire d'emblée confiance à "une petite jeune" : mais, pour peu que les circonstances les amènent à éprouver sa fiabilité, leur attitude peut changer complètement.

De plus, il se peut très bien qu'il n'y ait pas de symétrie dans les deux images que les deux partenaires se font chacun de l'autre. Si je t'apprécie, je peux être porté à me confier ; mais si toi tu ne m'apprécies pas, tu peux te méfier de ma confiance. Cela complique beaucoup la communication et peut même la rendre impossible.

Ce qui rend périlleux le **codage** et le **décodage**, c'est que les mêmes mots (ou sons) peuvent avoir des sens très différents pour les deux interlocuteurs. Quand le jeune professionnel de gymnastique lance : *"Mesdames, libérez votre corps"*, une personne âgée détache sa chaussure pour libérer son cor au pied ! Plus sérieusement, le mot "cancer", dit par le médecin, peut signifier *"tant de chances de guérison"*, alors que, pour la personne qui l'entend,

(1)

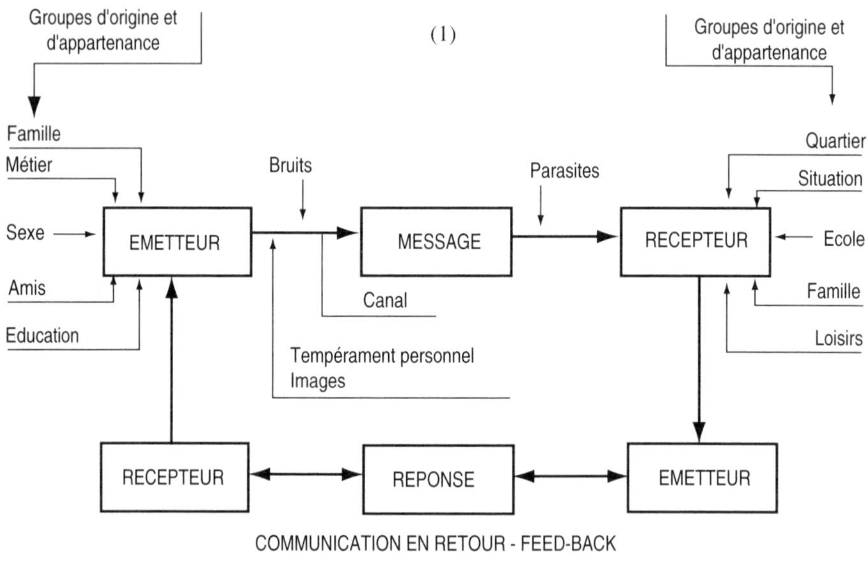

(1) Schéma tiré de Colette Bizouard, **Vivre la communication**, Chronique Sociale, 5e éd., 1995, p. 29.

il peut *signifier "condamnation à mort"*. Le mot "mort" lui-même peut signifier *"ce à quoi j'aspire"* pour telle personne très âgée, et *"ce qui me fait horreur"* pour tel membre de son entourage. Mais rien de tout cela n'est dit, tout est sous-entendu, si bien que chacun peut ignorer totalement ce que l'autre veut dire.

C'est que chaque interlocuteur porte en lui ce qu'on appelle **"référent"** ou **"cadre de référence"**, c'est-à-dire tout ce qui l'a marqué jusque-là (groupe d'origine, histoire) et les influences qu'il subit aujourd'hui (entourage...).

Concrètement, cela signifie que je parlerai ou comprendrai différemment suivant que je suis soignant ou soigné, âgé de 90 ou de 20 ans, habitant la ville ou la campagne, etc.

On le voit : avec une telle complexité et tant de difficultés, la communication est donc une sorte de miracle permanent. Ce qui est étonnant, ce n'est donc pas qu'on ait de la peine à se comprendre, mais au contraire qu'on arrive malgré tout à se comprendre !

Difficultés plus spécifiques

En plus des difficultés inhérentes à toute communication, parler avec des personnes vieillissantes comporte des difficultés et donc des exigences particulières (1).

Si la personne entend difficilement, je dois me placer bien en face d'elle, parler assez lentement, articuler avec soin en faisant des phrases courtes, parler un peu plus fort mais sur un ton aussi grave que possible. Si la surdité gagne, il est important que la personne soit appareillée assez tôt, à condition qu'on lui explique ce que cela va changer pour elle et qu'on la rééduque pour neutraliser les appels désagréables de l'appareil... à condition aussi que l'appareil soit nettoyé, et la pile changée, aussi souvent que nécessaire.

Une personne âgée, surtout si elle est fatiguée, peut être très lente à répondre, parce qu'il lui faut le temps d'entendre, de réaliser ce qui est dit, de chercher ce qu'elle veut répondre, enfin de l'exprimer. Cela peut être dû à un ralentissement des fonctions. Ce peut être aussi qu'elle perd en rapidité ce qu'elle gagne en réflexion. Le seul moyen pour la comprendre et pouvoir échanger avec elle consiste à nous adapter à son rythme.

---

(1) Voir par exemple, K. Pasquettaz dans **Jalmalv** n°24, mars 1991 ; C. Mémin, **Projet de vie avec les personnes âgées et dépendantes et institution**, édition de 1992, Bayard, p. 43 sq. ; B. Walter, **Soigner en gériatrie**, Lamarre, 1991, p. 121 sq.

Pour écouter : être à la distance qui convient

La parabole des porcs-épics (1)

"Un jour d'hiver glacial, les porcs-épics d'un troupeau se serrèrent les uns contre les autres afin de se protéger contre le froid par la chaleur réciproque. Mais, douloureusement gênés par les piquants, ils ne tardèrent pas à s'écarter de nouveau les uns des autres. Obligés de se rapprocher de nouveau, en raison du froid persistant, ils éprouvèrent une fois de plus l'action désagréable des piquants, et ces alternatives de rapprochement et d'éloignement durèrent jusqu'à ce qu'ils aient trouvé une distance convenable où ils se sentirent à l'abri des maux."

Ainsi donc, deux attitudes peuvent gêner ou empêcher l'écoute : être trop près, ou être trop loin.

On peut être trop loin physiquement, alors on entend peu, on fait répéter une fois, deux fois... la personne finit par s'énerver ou capituler. Dans les deux cas, elle se tait.

Trop loin, quand on ne prend pas le temps qu'il faut à la personne pour parler. Par exemple, des soignants notent qu'en début de service (en établissement ou à domicile), ils sont plus disponibles, plus attentifs, tandis qu'à la fin, ils "saturent". D'autres, au contraire, disent "galoper" au début (par peur de ne pas finir à temps), et il arrive qu'en fin de service ils aient plus de temps que prévu. Dans les deux cas, modifier de temps en temps l'ordre des interventions peut donner à chaque personne plus de chances d'être écoutée au moins à certains moments.

Trop loin encore lorsqu'on est au moins deux en présence de la personne âgée, et qu'on se parle en la laissant de côté. Du moins, bien sûr, si c'est toujours ainsi que ça se passe. Par exemple, sans s'en rendre compte parfois, deux intervenants peuvent simplement se parler entre eux (*"Qu'as-tu fait ce week-end ?... que fais-tu à manger, ce soir ?"*). C'est pourquoi des établissements ont décidé que les soignants seraient toujours seuls, sauf lorsqu'il faut absolument être deux.

Trop loin surtout, quand on essaie de faire taire ce qui nous paraît être une rengaine épuisante : *"C'est toujours la même chose. Mais oui, vous me l'avez déjà dit vingt fois !"* Ces rengaines sont souvent des plaintes, et celles-ci tournent souvent autour du ventre. Au-delà des symptômes exprimés (*"J'ai mal au ventre... j'ai mal dormi"*), *"il convient de les interpréter, chez les*

(1) Cette histoire, imaginée par Schopenhauer, est racontée par Freud dans **Essais de psychanalyse**.

personnes âgées, comme à tous les âges d'ailleurs, comme une régression, et de toujours les entendre comme un appel, comme une demande affective[1]*."* Donc ne pas mépriser cette plainte, ni la négliger, car les malaises aussi peuvent être un langage : **les maux peuvent remplacer les mots**. Ne pas non plus "en rajouter". Prendre en compte la plainte, sans la prendre au tragique. Se montrer à la fois compréhensif et rassurant, chaleureux et ferme.

Justement, s'il ne faut pas être trop loin, il ne faut pas non plus être trop proche. Plus on est proche, plus il y a des choses qu'on ne perçoit pas (certaines évolutions lentes) ou qu'au contraire on est porté à exagérer : d'où beaucoup d'incompréhensions entre l'enfant qui vit avec ses vieux parents et les autres enfants qui sont (beaucoup) plus loin.

Trop près, le conjoint ou l'enfant qui surprotège la personne plus ou moins diminuée ou affaiblie. On prétend savoir mieux qu'elle ce qu'elle a, où elle en est, ce qu'elle doit faire et ne pas faire. Tout cela "pour son bien", dit-on. Mais, en fait, on l'empêche de s'exprimer, de dire son avis, de décider, d'agir.

Trop près, encore, si je m'identifie plus ou moins aux vieux parents, surtout lorsque ceux-ci déclinent. Je peux alors me dire : *"Je ne voudrais pas être comme ça, quand j'aurai son âge !"* Et, inconsciemment, je vais me situer par rapport à eux non pas en fonction de ce qu'ils sont et pensent, dans leur altérité, mais en fonction de l'image de moi que je vois en eux et que je rejette.

---

(1) C. Mémin, *op. cit.*, p. 55.

Ni trop près, ni trop loin [1]

Etre là avec l'autre
ni trop près, ni trop loin,
à la juste distance.

La mère et son petit.
Chaleur du sein, de l'étroite communion
et, cependant, première absence, premier écart
qui, doucement, prépare en lui l'homme et la femme de demain.
Solitude, déjà, qui ouvre sur ailleurs, sur la vie.

L'homme et la femme qui s'aiment (d'après K. Gibran "Le prophète")
Remplissez chacun la coupe de l'autre mais ne buvez pas la même.
Donnez-vous l'un à l'autre de votre pain, mais ne partagez pas le même morceau.
Chantez et dansez ensemble, et soyez joyeux, mais que chacun demeure isolé,
Comme sont isolées les cordes du luth bien que frémissantes de la même musique.

A l'approche du grand départ.
Que serai-je pour mon ami ?
Présent et absent
Lui parler, me taire. Lui prendre la main, m'en dessaisir.
Etre là, ni trop près, ni trop loin.
Ne pas gâter sa mort
par l'encombrante présence de ma personne ;
Le laisser doucement s'ouvrir à son ailleurs,
partir seul, vers sa vie.

---

(1) Jean Naviaux, **Jalmalv** n°36, mars 1994.

Etre aussi dans la position appropriée

Une personne (très) âgée est souvent assise, parfois couchée, alors que tous, autour d'elle, sont debout. Ceci est assez symbolique des positions adaptées habituellement dans l'échange.

Le plus souvent, en effet, l'entourage (familial ou professionnel) se trouve en position supérieure, sinon dominante. C'est lui qui a l'initiative, et du contact, et de la communication, à commencer par le "bonjour" ! C'est lui qui pose les questions, qu'elles soient banales (*"Beau temps, n'est-ce pas ?"*) ou plus inquisitrices (*"Vous avez pris vos médicaments ?"*) L'entourage donne beaucoup d'ordres (*"Il faut vous lever... il faut faire votre toilette"*) et pose beaucoup d'interdits (*"Ne passez pas par là : vous voyez bien que je passe la serpillière !"*).

Plus profondément, l'entourage a souvent tendance à adopter des attitudes de consolation (*"Ce n'est rien !"*), d'investigation ou d'interprétation, de solution (*"Vous n'avez qu'à faire comme ceci"*)... au lieu de simplement écouter.

Peux-tu simplement écouter ?

Quand je te demande de m'écouter
et que tu commences à me donner des conseils,
tu n'as pas fait ce que je te demandais.

Quand je te demande de m'écouter
et que tu commences à me dire pourquoi je ne devrais pas ressentir
cela, tu bafoues mes sentiments.

Quand je te demande de m'écouter
et que tu sens que tu dois faire quelque chose pour résoudre mon
problème, tu m'as fait défaut, aussi étrange que cela puisse paraître.
Ecoute, tout ce que je demande, c'est que tu m'écoutes.
Non que tu parles ou que tu fasses quelque chose :
je te demande uniquement de m'écouter.

Les conseils sont bon marché,
pour six francs j'aurai dans le même journal
le courrier du cœur et mon horoscope.
Je veux agir par moi-même, je ne suis pas impuissant,
peut-être un peu découragé ou hésitant,
mais non impotent.

Quand tu fais quelque chose pour moi,
que je peux et ai besoin de faire moi-même,
tu contribues à ma peur, tu accentues mon inadéquation.

Mais quand tu acceptes comme un simple fait
que je ressens ce que je ressens (peu importe la rationalité),
je peux arrêter de te convaincre,
et je peux essayer de commencer à comprendre
ce qu'il y a derrière ces sentiments irrationnels.

Alors, s'il te plaît, écoute et entends-moi.
Et si tu veux parler, attends juste un instant et je t'écouterai.

Auteur anonyme indien

Beaucoup d'autres moyens de communiquer

Déjà, dans la communication verbale (= en paroles), nous donnons beaucoup trop d'importance aux mots. Des études chiffrées indiquent que, dans la compréhension d'un message, le sens des mots ne compte que pour 7 %, tandis que l'intonation (qui donne une couleur affective au message) intervient pour 38 %, et l'ensemble des autres gestes (position, expression du visage...) pour 55 %. Donc s'arrêter, s'asseoir (ne serait-ce que quelques instants), être attentif et souriant, "ça parle" à la personne, et ça dit même beaucoup plus de choses que tous nos mots.

Surtout, il y a tout le langage non verbal (= sans paroles) (1).

Le **silence**, dont beaucoup ont tellement peur, peut être beaucoup plus parlant que les mots. Ne dit-on pas que les grandes joies et les grandes douleurs sont muettes ? Il y a des moments où on ne sait pas quoi dire. Alors, le mieux, c'est de se taire, parce que tous les mots qu'on pourrait dire ne seraient pas à la hauteur de ce qu'on ressent. Il ne s'agit donc pas d'un silence vide (et gênant), mais d'une présence silencieuse, d'une sorte de communion au-delà des mots.

Le **regard**, aussi, est plus parlant que les mots, et son langage est plus vrai : les mots peuvent dire n'importe quoi, le regard a plus de peine à tromper. Quel regard portons-nous sur les autres, particulièrement sur les personnes âgées (2) ? *"Est-il apaisant ou chargé d'angoisse ? Est-il fuyant ou porte ouverte à la rencontre, même brève ? Savons-nous lire dans les yeux ce que les personnes âgées n'osent pas dire (3) ?"*

Le **toucher** est un autre moyen de communication, celui qui parfois reste le seul possible (quand la personne n'entend plus, ne voit plus). Beaucoup de mains touchent le corps des personnes âgées, mais dépassent-elles assez le souci de l'efficacité technique ? Or la vertu la plus humaine du toucher est de manifester une présence, d'apaiser, de rassurer. Cette communication par la peau peut aussi manifester l'affection, mais combien de personnes âgées ne sont jamais embrassées ?

---

(1) Par exemple, C. Mémin, *op. cit.*, p. 78 sq. Voir aussi le chapitre sur la démence.

(2) Voir chapitre 1 , "Un certain regard".

(3) C. Mémin, *op. cit.*, p. 80.

En bref...

Réussir à communiquer est une sorte de miracle. Peut-être plus encore lorsque la personne entend difficilement ou qu'on parle trop vite.

Encore faut-il, là surtout, se mettre à la distance qui convient : assez près pour assurer à la personne la chaleur d'une présence, et assez loin pour lui laisser un espace de liberté.

Le plus important – et le plus difficile – reste l'écoute. Et la communication qui est au-delà des mots : silence, regard, toucher.

Chapitre 11

Et les personnes atteintes de démence ? (1)

Ne parle-t-on pas trop vite de démence ?

A l'exception de quelques maladies rares, les démences séniles sont, dans la majorité des cas, d'origine artériopathique (2) (ou vasculaire), ou dégénérative, alors décrites sous le nom de démence de type Alzheimer (DTA) ou de maladie d'Alzheimer (3) (il existe également des formes mixtes, plus rares, qui associent les deux).

Ces deux maladies sont très différentes dans leur début, qui est très progressif dans la maladie d'Alzheimer et plutôt brutal dans la démence artériopathique ; dans leur évolution : lentement progressive dans la maladie d'Alzheimer, et généralement par "à coup" dans la démence artériopathique.

La maladie d'Alzheimer représente environ 50 % des cas alors que la démence artériopathique correspond à 10 à 15 % des cas environ.

Il existe des "fausses démences"

Un certain nombre de pathologies provoquent des troubles des fonctions intellectuelles qui peuvent être confondus avec une démence, et qui n'en sont pas. On peut citer les dépressions, dont on connaît la fréquence chez la personne âgée, et également les effets toxiques possibles de certains médicaments. Plus rarement, cela peut être une affection cérébrale (tumeur au cerveau), ou une affection générale (insuffisance thyroïdienne).

Tout trouble des fonctions intellectuelles n'est pas obligatoirement lié à une démence

Une confusion mentale d'origine somatique (4) disparaît complètement après un traitement adapté à la maladie cause des symptômes.

Un vieillissement "normal" peut s'accompagner de trouble banal (oubli des noms propres, de la place des choses...).

---

(1) Chapitre rédigé par Dominique Dupé, également formatrice au CEAS

(2) Maladies artérielles.

(3) Du nom du médecin allemand Aloïs Alzheimer qui a décrit cette maladie en 1907.

(4) Maladie somatique : maladie qui concerne le corps.

Quels sont les signes de la maladie ?

Des perturbations de la mémoire

Difficultés pour se souvenir des événements récents, des noms propres, du mot “juste”.

Oubli des faits récents. Pertes d’objets.

Des difficultés d’orientation dans le temps et dans l’espace

(désorientation temporo-spatiale)

Plus de repères horaires. Confusion du jour et de la nuit. La personne âgée se perd dans un milieu familier.

Des troubles intellectuels

Altération des capacités de jugement, de la pensée abstraite, de la capacité à résoudre des problèmes et à prendre des décisions.

Des désordres de la motricité

(apraxie ou troubles praxiques)

Il s’agit de perturbations dans la réalisation de gestes simples (comme se verser un verre d’eau, simuler un signe de croix...), la personne ne sait plus comment utiliser les objets les plus usuels (fourchette), ne sait plus comment s’habiller...

Il s’agit bien de la perte d’**un savoir** et non d’un pouvoir (il n’y a pas de lésion des appareils moteurs).

Des perturbations de la reconnaissance des objets

(sans atteinte au niveau des organes sensoriels) ou agnosie

Au début, le patient n’arrive plus à reconnaître les objets usuels ; petit à petit, il a de plus en plus de difficultés à reconnaître les visages familiers, jusqu’à ne plus reconnaître sa propre image.

Des troubles du langage

Aphasie

Difficulté à trouver le mot juste, réduction du vocabulaire, invention de mots.

La personne répète comme un écho les paroles prononcées devant elle. Etat de mutisme (1) au stade terminal de la maladie.

---

(1) Etat d’un individu qui n’articule aucune parole.

Des troubles du comportement

La dépression.

La réduction des activités : désintérêt à faire des choses, repli sur soi.

Les comportements d'agitation qui se traduisent par des conduites stéréotypées : déambuler [1], aller aux toilettes sans arrêt, plier et déplier le même papier...

Les sautes d'humeur, l'agressivité, les fugues.

L'indifférence, la prostration.

Les incontinences : Au départ de la maladie, elles peuvent simplement résulter du fait que le malade ne sait plus où se trouvent les toilettes, ou qu'il n'est plus capable de se déshabiller assez vite. Plus tard dans la maladie, elles seront dues à une atteinte neurologique qui empêchera le bon fonctionnement des sphincters.

Le comportement alimentaire, type gloutonnerie, boulimie ou légère anorexie.

Les idées délirantes, les idées de vol, les idées d'abandon, phénomène du compagnon imaginaire (le patient se comporte comme si son conjoint décédé était encore en vie), idée du conjoint imposteur (le patient ne reconnaît pas son conjoint et le prend pour un imposteur).

Qu'est-ce donc que la démence ?

Dément vient de : *"de"* = hors et *"mens"* = esprit = > "celui qui a perdu l'esprit".

C'est la conséquence d'une altération cérébrale lente, mais progressive et irréversible (c'est-à-dire inguérissable), qui va détruire la mémoire, le langage, le jugement et toutes les fonctions intellectuelles.

Quelle qu'en soit la définition scientifique ou populaire ("retomber en enfance", "être gâteux"), elle fait peur, elle angoisse. Angoisse de voir vieillir ainsi ceux que l'on aime. Angoisse d'être nous-même un jour atteint par cette maladie.

Les signes de la maladie d'Alzheimer sont au départ si difficiles à percevoir que, souvent, rien d'anormal n'est décelé par le patient et sa famille. C'est lorsque la maladie évolue qu'elle provoque des troubles évidents.

Aussi, devant des troubles évoquant une démence, un bilan médical aussi précoce que possible est indispensable.

---

(1) Marcher longuement au hasard, sans but précis.

Pour le Docteur Dorin Feteanu (Service du Dr Sebag-Lanoë, Hôpital Paul Brousse, Villejuif), *"le diagnostic de démence n'est pas toujours aisé. La première difficulté est liée à la pauvreté et à la banalité des symptômes, surtout quand ils surviennent à un âge avancé.*

Trop souvent, la famille et le patient lui-même attribuent les troubles observés à un vieillissement intellectuel physiologique et ce n'est qu'à un stade déjà tardif que la consultation est demandée. La précocité de celle-ci dépend d'ailleurs de l'activité du patient et de la tolérance de son entourage."

"Je suis perdu, je suis perdu" (1)

M. R, 85 ans, célibataire est dans le service depuis deux ans. Il est d'origine yougoslave et n'a pas de famille. Il garde des liens avec un ami fidèle qui le visite souvent et gère ses affaires personnelles.

Monsieur R est cardiaque, il est atteint d'une démence sénile qui le rend dépendant pour ses besoins fondamentaux. Il se déplace seul mais a de la difficulté à s'orienter.

Dans le couloir du service, je rencontre M. R, il regarde de tous côtés, sa voix est angoissée.

– *"Je suis perdu... Je suis perdu... Je suis perdu..."* répète-t-il.

(1) Extrait d'un document **Jalmalv** Loire-Océan auquel nous avons collaboré, "Accompagnement de la personne âgée", janvier 1993.

Tout en l'écoutant, je lui prends les mains, je cherche son regard qui va d'un côté sur l'autre.

– *"M. R, bonjour, pourquoi êtes-vous perdu ?... Qu'est-ce qui ne va pas ?"*

Son regard m'interroge, me scrute, ses mains se resserrent sur les miennes mais pas de réponse. M. R est très tendu. Devant cette attitude de peur, je conduis M. R au bureau et l'installe sur une chaise afin de mieux poursuivre notre conversation. Je m'assois devant lui et renouvelle ma demande. Une aide-soignante passe devant le bureau et me dit :

– *"Il est comme cela depuis ce matin, il n'a fait que dire 'Je suis perdu'."*

– *"Merci du renseignement"* lui dis-je.

Pas de réponse de M. R. Il garde une attitude de repli, son regard reste inquiet et fuyant. Je lui reprends les mains et lui parle.

– *"Je comprends, vous êtes perdu... Pourquoi êtes-vous perdu ?..."*

Il me dévisage quelques minutes et me dit :

– *"Oui je suis perdu... Où c'est chez moi ?... Je suis perdu... Où suis-je ?"*

Je lui réponds :

– *"C'est vrai M. R, vous n'êtes pas dans votre maison où vous avez vécu ; vous êtes actuellement à vous reposer à Saumur et vous êtes chez vous".*

M. R reprend :

– *"Où ça à me reposer... à Saumur ?"*

– *"Oui c'est cela, c'est pourquoi je suis avec vous".*

– *"Alors, je n'ai plus de chez moi ?"*, m'interrompt M. R, *"je suis perdu... Pourquoi à Saumur ? Je suis perdu".*

Je reprends :

– *"Vous n'êtes plus dans votre maison, mais je vais vous conduire chez vous si vous le voulez bien".*

Je l'aide à se lever et, ensemble, nous allons dans sa chambre.

– *"Nous voici chez vous. Il y a le lit, vos objets personnels, le placard avec vos vêtements"* lui dis-je.

L'attitude de M. R change, il semble se reconnaître, il regarde, touche ses vêtements, puis, avec un petit sourire, il dit :

– *"Oui c'est à moi..."*

Tout à coup, il se dirige vers moi en me fixant du regard :

– *"Je suis chez moi... Je suis chez moi".*

Après un silence, il me dévisage à nouveau :

– *"Mais vous, qui êtes-vous ? Je ne vous connais pas".*

– *"Je suis Sœur Noëlle, infirmière, qui remplace Caroline. Je suis là pour vous aider M. R. Pour vous, je suis nouvelle dans le service, mais je vais vous conduire auprès de personnes que vous connaissez bien."*

Nous allons à la rencontre de Françoise, aide-soignante, et de Chantal, agent, qui travaillent dans la lingerie. En les voyant, il sourit, semble les reconnaître et est heureux. Je fais le mouvement de me reculer afin de le laisser avec Françoise et Chantal. M. R m'attrape le bras pour rester avec moi. Ensemble, nous nous dirigeons dans sa chambre. Il me regarde de nouveau avec un visage détendu.

– *"Alors, je suis chez moi... Je suis chez moi."*

Quelles sont les causes de cette maladie ?

La recherche de facteurs de risques de démence n'a commencé à se développer que récemment, et notre ignorance dans ce domaine reste très importante.

Les études épidémiologiques (1) ont permis de mettre en évidence l'importance du problème posé par les démences, et plus particulièrement par la démence de type Alzheimer.

Selon le Docteur Sebag-Lanoë, *"la maladie d'Alzheimer représente incontestablement une maladie 'd'avenir' à l'heure actuelle (2)."*

Mais ces études n'ont pas permis d'avoir des indications sur les facteurs de susceptibilité de la maladie. Malgré les très nombreuses recherches actuelles, plusieurs hypothèses demeurent, sans qu'aucun argument décisif permette de trancher en faveur de telle ou telle.

---

(1) Epidémiologie : branche de la médecine qui étudie les différents facteurs intervenant dans l'apparition et l'évolution des maladies.

(2) Renée Sebag-Lanoë, **Soigner le grand âge**, Desclée de Brouwer, 1992.

Faire face au silence

Le manque de communication avec une personne âgée est toujours une épreuve pour l'entourage (famille, soignants, intervenants à domicile).

Si la personne âgée est présente, ce n'est que physiquement. Dans les faits, elle est absente du groupe, ses proches parlent d'**elle**, mais ne s'adressent pas à **elle**, ou s'ils le font, ce peut être de façon infantilisante : *"Alors ma petite mamie, on va manger sa petite bouillie ?", "Tu attends que la dame soit là pour te lever."*

Lorsque nous nous adressons directement à la personne, c'est la famille qui répond, souvent de manière négative par comparaison avec "avant" : *"Si vous l'aviez connue, elle était si coquette... il était si érudit..."* Il faut un regard neuf pour la découvrir, lui parler, ne pas trop exiger, l'aider sans l'asservir.

Comme si ces personnes avaient pris une distance par rapport au monde et à nous-mêmes, si elles en étaient pour ainsi dire "absentes" comme pour se protéger et échapper (de manière inconsciente) à un monde trop dur, qui les exclut, qui les rejette.

Si communiquer semble impossible

ou essayer de comprendre "l'autre différent"...

Il y a déphasage chez le dément entre la compréhension et l'expression qui est un processus plus lent, d'où l'importance de **prendre le temps d'une écoute attentive, d'aller à son rythme**.

Pour les soignants et intervenants à domicile, il est indispensable de connaître le nom et le prénom du malade, de recueillir le plus rapidement possible des éléments sur son environnement, sa biographie, son organisation journalière. Pour savoir qui il est, et mieux comprendre ce qu'il dit. Communiquer avec une personne démente, c'est se donner dans une relation sans rien attendre en retour, sans volonté d'obtenir quelque chose.

C'est ne pas chercher à imiter leur langage (s'il existe), leurs gestes, leurs mimiques : ce serait jouer leur jeu, entrer dans leur monde, et donc se mettre avec elles à distance de ce monde qui est le nôtre, mais cela ne veut pas dire refuser ce qu'elle dit, ni lui montrer son erreur au risque de la culpabiliser, de la contrarier ou de la braquer, ce qui peut générer de l'agressivité, car il y a alors une souffrance.

La difficulté vient-elle de leur démence, ou du rejet dont ils sont l'objet (**rejet de la différence**), de notre regard à nous, l'entourage ? S'il nous semble qu'ils ne peuvent plus comprendre ce que nous leur disons (et cela reste à démontrer...), ils sentent si nous les aimons, et ce qui leur fait du bien.

Il ne s'agit plus de discuter, de tenir des conversations, mais d'inventer un autre mode de communication, non plus basé sur le contenu des paroles, mais basé sur la convivialité, le plaisir de "l'être avec", le lien affectif vécu pour lui-même, et non pas d'abord un message à faire passer, ou une réponse précise à obtenir.

Nos paroles avec ces personnes ne sont-elles pas trop souvent proches de l'injonction : *"Venez ici, calmez-vous, venez manger..."* ?

Apprendre à vivre pleinement le moment qui passe, se refuser de comptabiliser les pertes et les manques, mais **essayer d'avoir une démarche positive et faire avec** ce qui reste, en tentant de laisser un espace de liberté pour qu'émerge encore le désir si cela est encore possible.

La démence est une fuite de la réalité. Nier son présent, s'enfuir dans le passé, c'est se donner une longue vie devant soi.

Le dément a besoin de nier le présent pour continuer à vivre, sinon il serait dépressif et suicidaire. L'angoisse de mort, comme *si "retomber en enfance apparaissait comme une tentative désespérée et caricaturale de retourner à la case départ devant l'horreur de la mort imminente* (1)*."*

Pour entendre la personne démente, il faut laisser au vestiaire nos principes en matière de communication !

Son langage a un sens, c'est à force d'écoute répétitive et surtout sans a priori que l'on peut le traduire. Mais cette écoute, pour répondre à son but, n'admet ni le mensonge, ni le rappel cruel de la réalité du moment.

Aussi, face au délire d'une personne âgée démente qui, par exemple, nous dit attendre ses parents, il ne faut ni retomber dans notre logique et lui dire que c'est impossible, qu'ils sont morts depuis longtemps, propos vains et agressifs, qui signifient : *"A votre tour, vous êtes vieille et vous allez bientôt les rejoindre"*, ni délirer avec elle, ce qui va soit couper la relation, soit créer la méfiance.

Lui demander pourquoi elle les attend, ce qu'ils vont faire ensemble, à travers cela l'aider à parler de ce que furent ses relations avec ses parents et ce que cela lui rappelle, **sans forcer l'expression, ni interpréter**.

Communiquer autrement qu'avec des mots

En matière de communication, nous avons tendance à ne penser qu'au langage ; ce n'est pas l'unique moyen de communication. On peut provoquer beaucoup d'émotions par une présence silencieuse, une caresse, un parfum ou le partage d'un repas.

---

(1) Jean Maisondieu, "La démence existe-t-elle ? Des démences aux thanatoses", **Psychiatrie Française**, 1982.

Il est vrai que l'on vit parfois difficilement une communication à sens unique. Se pose souvent la question : comment communiquer avec une personne murée dans son silence ? Mais n'est-ce pas **nous** que ce silence met mal à l'aise ?

Penser à d'autres types de communication

Le toucher : *"Redécouvrir le rôle de la main, ce merveilleux organe sensoriel d'expression et de communication, et dont les déments se servent encore au fond de leur régression* (1)*."*

Parler à la personne, l'appeler et ensuite la toucher.

Un geste affectueux apaise, fait baisser l'agressivité. On ne touche jamais assez les déments.

Le toucher est une stimulation très importante, encore plus grande s'il est accompagné de paroles. Parler pendant une toilette : *"Je vous lave le bras droit..."*

Faire reconnaître par le toucher le tissu, le papier en expliquant de quoi il s'agit à chaque fois.

Le toucher est également présent au cours des massages, de la toilette, du nursing, de la balnéothérapie.

---

(1) Charlotte Mémin, Psychologue.

Le regard

Entrer en relation avec une personne, c'est d'abord échanger un regard, capter son regard. Accepter autrui, c'est accepter son regard.

Le regard traduit les nuances les plus subtiles de nos émotions, de nos pensées. Il peut être direct, confiant, rieur, chaleureux, vide, froid...

La fréquence et la durée de ce contact sont la marque d'une reconnaissance à l'autre.

Regarder quelqu'un, c'est aussi **reconnaître qu'il existe, qu'il existe pour nous.**

Le regard est un mode de communication très intense. Mais attention, le regard peut contredire la parole.

La mimique et l'expression corporelle.

Les retenues sociales sont gommées par la démence.

Les comportements habituellement considérés comme gênants (déambulation, cris répétitifs, kleptomanie[1]) sont pour la personne démente porteurs de sens. Il faut donc les entendre et les considérer comme des moyens de communication. Savoir que cela a un sens (même si nous ne les comprenons pas toujours...) modifie notre conduite vis-à-vis de la personne (meilleure acceptation de sa déambulation, par exemple...) et peut nous aider à passer de la notion d'interdire à celle de permettre. Permettre ainsi à la personne démente de s'exprimer, ce qui lui apportera une diminution de l'angoisse, des tensions et réduira son agressivité.

> "Mme M est assise dans le couloir, dans une attitude de grande impatience. On lui demande ce qu'elle fait ici. Elle répond qu'elle attend son train pour Paris. On se rappelle que Mme M voit trop rarement son fils unique qui était boulanger à Paris.
>
> Son attitude est comprise et acceptée comme l'expression d'un élan maternel qui cherche à s'exprimer. Derrière un comportement qui peut paraître incohérent, il y a toujours un sens[2]."

L'audition

Il est nécessaire de s'assurer que la personne âgée n'a pas de troubles auditifs. Un vieux monsieur, qui ne répondait jamais (ou totalement à côté) à ce qu'on lui disait, passait pour dément, jusqu'à ce qu'un médecin décide de lui faire faire des examens qui ont mis en évidence qu'il était atteint de surdité...

---

(1) Kleptomanie : impulsion qui pousse certaines personnes à prendre le bien d'autrui, manie de voler.

(2) Témoignage cité par F. Blanchard, Escapade (ensemble communiquons avec la personne âgée dépendante), **Gérontologie et société** n°72, 1995.

Comme nous l'avons vu précédemment, tenir un discours d'adulte à adulte, même si nous ne savons pas si le message passe, partiellement, totalement ou pas du tout (il n'existe aucune certitude à ce sujet).

Nous pouvons proposer une approche musicale : pour cela, il est important de connaître les goûts de la personne et de lui aménager des plages d'audition tranquille.

Les bruits agressifs : portes qui claquent, téléviseurs qui fonctionnent sans discontinuer et fort, ont une incidence sur l'agitation.

A noter, également, l'importance de l'intonation de la voix. Le timbre donne la couleur d'une voix. Il repose sur les harmonies des sons ; de ce fait, la voix prend une qualité particulière. Timbrée correctement, elle est agréable à entendre. Appuyer sur le (ou les) mot(s) clef.

Comment maintenir cette communication ?

- Maintenir la personne démente en bon état physique (être attentif au transit, à la déshydratation, etc.).
- Lui attribuer un espace personnel et personnalisé :
  - calendrier de grande taille
  - pendule
  - des photos de famille : photos des enfants, des petits enfants, mais aussi photos des endroits que la personne aimait beaucoup
  - des objets souvenirs : bibelots, coussin, fauteuil, cartes postales anciennes, dessins d'enfants...
- Maintenir le plus possible son autonomie : la laisser déambuler en lui apprenant à repérer les lieux, faire seule (même mal) les gestes qu'elle peut encore faire seule, en évitant de les faire à sa place, au moment de la toilette ou des repas, par exemple.
- Essayer de stimuler la personne âgée :

  Par la marche, la manipulation d'objets (gros legos, magazines...).

  Par les odeurs : sentir un parfum, une fleur, l'odeur d'un plat.

  Par le goût : manger quelque chose qu'elle apprécie particulièrement (bonbon, chocolat, gâteau, vin ou liqueur).

  Par le plaisir d'être en compagnie des autres.

  Par la vision : télévision (mais à petites doses...), diapositives, photos, feuilleter un magazine en regardant les photos.
- Eviter l'isolement :

  Installer la personne, si elle reste dans sa chambre, tournée vers l'extérieur (fenêtre ou porte s'il y a du passage). Ne pas la laisser dans le noir à la tombée de la nuit.

Encourager les visites (famille, amis) même courtes. La faire participer (même en spectateur) aux activités de la maison.

– Maintenir l'aspect de la personne le plus soigné possible, en veillant à la coiffure, aux soins des ongles, de la barbe, en choisissant des vêtements assortis et seyants. Penser à la possibilité de soins esthétiques (épilation de la moustache chez les dames et soins du visage qui apportent un bien-être).

– La présence d'un animal peut être bénéfique ; le patient prendra souvent plaisir à caresser l'animal et à entretenir une certaine communication avec lui.

L'adaptation de la communication

Savoir privilégier un mode de fonctionnement à un autre, en fonction de la personne et de l'évolution de la maladie.

Et... se persuader que, quel que soit l'état de la personne, la communication reste possible.

"Ces yeux sourient doucement en réponse à un simple bonjour...

Ce pied bat tout à coup la mesure au son du piano...

Ces lèvres retrouvent soudain les paroles oubliées d'une rengaine...

Tous ces visages, tous ces regards, toutes ces mains d'hommes et femmes peuvent encore voir, sourire, sentir, goûter des joies et des peines et échanger de la tendresse avec autrui. Toutes ces expériences accumulées depuis tant d'années nous ont apporté la certitude... que la communication humaine ne se réduit pas au seul verbe. Et qu'au-delà de la déraison subsiste longtemps la raison du cœur (1)*."*

En bref...

On parle peut-être un peu vite de "démence" : une personne peut se sentir perdue sans être démente. Et on voit peut-être un peu trop la maladie d'Alzheimer partout...

Il reste que la démence est difficile à vivre, parfois pour la personne elle-même, et pour l'entourage familial ou professionnel.

Mais, contrairement à ce qu'on peut penser, une certaine communication est possible avec une personne démente, surtout par l'expression corporelle, le regard, le toucher.

---

(1) Dr Renée Sebag-Lanoë, **Soigner le grand âge**, Epi, Desclée de Brouwer.

Chapitre 12

Alimentation et repas

"Plaisir de faire la cuisine.
Plaisir de manger.
Plaisir de voir la famille rassemblée."

(un homme parlant de sa vieille mère
en long séjour)

Manger : Pour quoi ?

Si l'on n'y prend garde, on répondra rapidement *"manger pour reconstituer ses réserves, pour reprendre des forces..."*. On n'aura pas totalement tort, mais que partiellement raison ! Car ce type de réponse confond manger et s'alimenter. En effet, nous nous alimentons pour satisfaire les besoins nutritionnels de notre corps qui dépendent notamment de notre activité physique et non exclusivement de notre âge. Les besoins en énergie baissent surtout lorsque l'activité physique diminue. Mais telle personne de 75 ans qui jardine tous les jours quelques heures, soigne ses quelques lapins et autres volailles et entretient sa maison, mérite tout autant qu'un adulte de 40 ans ses 2 400 calories quotidiennes. A l'inverse, on peut comprendre facilement qu'une personne alitée ait des besoins caloriques beaucoup moins importants, et ceci quel que soit son âge.

Manger pour s'alimenter

Cela dit, *"une bonne alimentation – c'est-à-dire une alimentation la plus variée possible – constitue une arme efficace contre certains maux (fatigue, constipation, douleurs vertébrales). Grâce à un bon apport en calcium, elle diminue beaucoup les risques de fracture* (1)*."*

Autrement dit, veiller à son alimentation constitue une véritable prévention aux principales pathologies qui surgissent parfois quand on est vieux. Comme le souligne le Docteur Guillet : *"C'est pendant la vieillesse que vont se manifester toutes les carences de l'enfance, les erreurs, les pénuries ou les abus de différents âges* (2)*"* et il poursuit : *"L'alimentation a une influence considérable sur l'état de santé* (2)*."*

---

(1) **Bien manger après 50 ans**, plaquette d'information réalisée par le Centre de recherche et d'information nutritionnelles 89, rue d'Amsterdam, 75008 Paris.

(2) Dr P. Guillet, *op. cit.*, p. 134.

Manger pour le plaisir

Manger, c'est beaucoup plus que s'alimenter, c'est pour beaucoup de vieilles personnes un réel plaisir, le principal plaisir disent même certains auteurs, peut-être celui qui est conservé le plus longtemps : le plaisir de manger ce qu'on aime.

Et qu'aiment-elles manger les personnes âgées ? Tout ce qui a fait leur alimentation d'autrefois et qui est associé à des souvenirs heureux, sans pour autant rejeter tout ce qui est nouveau ! D'ailleurs, selon L. Giard et P. Mayol (1), *"en gros, nous mangeons ce que notre mère nous a appris à manger ou ce que la mère de notre femme lui a appris à manger. Nous aimons ce qu'elle aimait, le sucré ou le salé, la confiture du matin ou les céréales, le thé ou le café, l'huile d'olive si l'on est Provençal, les gaffelbitter si l'on est Scandinave, de telle sorte qu'il est plus indiqué de croire que nous mangeons nos souvenirs les plus sécurisants, assaisonnés de tendresse et de rites, qui ont marqué notre petite enfance."*

Et si les personnes âgées aujourd'hui n'apprécient guère les topinambours, c'est essentiellement parce que celles-ci réveillent des souvenirs de guerre, souvenirs de restrictions.

Interrogées sur ce que les personnes âgées préfèrent manger, des aides à domicile et des personnels de maison de retraite de l'Ouest répondent :

- la soupe, le café, la tisane
- les pommes de terre
- les mogettes (haricots blancs)
- la cochonnaille
- le pain et le vin
- le beurre et les laitages
- les gâteaux et les confiseries.

- La soupe, qui introduit tous les repas ou presque, le café, la tisane... toutes ces boissons chaudes, ont souvent pour mission de "réchauffer" au sens de réconforter un peu la personne et d'atténuer quelque angoisse. Beaucoup de personnes âgées se font une tisane avant d'aller se coucher. *"La chaleur des aliments, c'est quelque chose d'important. On peut associer douceur et chaleur en souvenir du lait maternel que nous avons reçu et qui a été la première nourriture alors que nous étions un être petit et fragile"* précisait Hélène Reboul lors d'une conférence.

---

(1) L. Giard et P. Mayol, **L'invention au quotidien**, Tome 2, "Habiter, cuisiner", Union générale d'édition, Coll. 10/18, 1980.

- Les pommes de terre ont longtemps constitué l'aliment de base, l'aliment quotidien qui vient de la terre et qui représente le résultat du travail de l'homme. Certaines institutions pour personnes âgées, à l'écoute de leurs résidents, ont remis des "patates en robe des champs" à chaque dîner.
- Les mogettes, l'aliment emblématique de la Vendée ! Les moules et autres produits de la mer, si proches d'eux !
- La cochonnaille, surtout pour les personnes âgées d'origine rurale et agricole. Autrefois, quelle ferme n'avait pas son porc ? Et, surtout, quelle fête c'était, le jour où l'on tuait le cochon et préparait toute la cochonnaille ! Manger des rillettes ou de l'andouille aujourd'hui, ravive certainement des souvenirs des fêtes d'autrefois...
- Le pain et le vin, sans quoi un repas ne serait pas un repas. *"Ni l'un ni l'autre ne sont remplaçables par quoi que ce soit qui en tiendrait lieu..."* soulignent L. Giard et P. Mayol. Le pain, qui n'a pratiquement pas de goût, est lourd de symboles : *"On gagne son pain à la sueur de son front !" C'est pourquoi "on ne gaspille pas le pain !"* Le vin, pour sa part, est savoureux, désirable et dangereux *"car la possibilité de son excès est toujours présente dans son usage* [(1)]*."*
- Le beurre et les laitages, liés certainement à l'héritage culinaire et aux souvenirs des douceurs de l'enfance.
- Les gâteaux, les confiseries et de manière générale tout ce qui est sucré. *"Cela adoucit certainement ce qui n'est pas facile à vivre"* disait Hélène Reboul.

Les petites douceurs évoquent à la fois la fête et la petite récompense que l'on s'octroie : *"J'ai bien mérité ce petit plaisir-là"* se dit-on parfois en prenant un bonbon dans la boîte !

De plus, le sucré est spontanément préféré aux trois autres saveurs (le salé, l'amer et l'acide) par les nourrissons. Les autres saveurs ne sont acceptées que parce qu'on a appris à les aimer. Enfin, le goût du sucré est le goût qui est préservé le plus longtemps chez les vieilles personnes.

Tous ces aliments sont familiers, en effet, à la mémoire gustative des personnes âgées mais aussi à leurs habitudes alimentaires. Et s'il est vrai que le goût s'émousse avec l'âge, il n'en reste pas moins toujours actif. Parfois, faudra-t-il saler un peu plus les mogettes, sucrer un peu plus la crème au caramel ! Mais c'est pour mieux réveiller des souvenirs et augmenter le plaisir.

---

(1) Revue **Approches** n°29, "La vie quotidienne : manger ou le rapport à la nourriture".

Par ailleurs, les personnes âgées apprécient que les aliments soient très cuits.

Ceci peut, semble-t-il, être en lien avec trois phénomènes au moins. Tout d'abord, ce qui est cuit est plus facile à mastiquer, cela correspond aussi à des habitudes alimentaires, et, enfin, le "cuit", le "mijoté" rappelle une convivialité (perdue ?) que n'évoque pas le "cru" ou même le "grillé".

Les personnels ont aussi observé ce que les personnes âgées aiment moins ou pas du tout :

– les rutabagas, qui rappellent trop une période difficile à vivre.
– les viandes rouges, il semble en effet qu'apparaît au fil des ans un dégoût de la viande rouge.
– les choux, et tous ces aliments qui traînent avec eux une mauvaise image : *"le riz, ça constipe !"* ; *les œufs ça donne du cholestérol" ;* etc.
– le maïs, particulièrement dévalorisant. *"Le maïs, c'est pour les poules"* entend-on dans bien des maisons de retraite et *"nous, on n'est pas des poules !"*

Manger... pour partager

Le repas, pour nombre de personnes âgées, comme pour nous sans doute, est synonyme de convivialité, de partage. La table a toujours été beaucoup plus que le lieu où l'on absorbe de la nourriture, c'est aussi le lieu où la famille se retrouve ; c'est souvent autour de la table que l'on discute affaires, c'est à sa table qu'on invite quelqu'un.

Les aides à domicile ont observé combien le repas (et tout ce qui l'entoure) est, pour la plupart des personnes, un moment privilégié qui obéit à un certain nombre de rites. Dès le matin, on s'affaire à éplucher, laver, cuire les légumes... à préparer le déjeuner. Les odeurs emplissent la maison et, souvent, font resurgir de vieux souvenirs enfouis... On dresse la table, on l'habille d'une nappe, on installe assiettes et couverts... avant de déguster enfin... Dans cette perspective, manger c'est bien sûr un besoin, mais c'est aussi un plaisir, un partage... *"La cuisine, c'était son plaisir. Plaisir de faire, plaisir de satisfaire aux rites, plaisir de manger, plaisir quotidien, plaisir enfin de voir la famille ici rassemblée dans son lieu. Son plaisir de vivre".* Ainsi parle un fils de sa mère qui, depuis son hospitalisation en long séjour, refuse de s'alimenter (1).

Pour les femmes, notamment, cuisiner, préparer le repas était l'une de leurs missions principales (avec l'éducation des enfants). Elles s'investissaient dans cette tâche et étaient reconnues à travers elle (mais est-ce vraiment si différent aujourd'hui ?...).

Cette description n'est pas valable pour toutes les personnes âgées vivant à leur domicile. En effet, pour certaines, manger n'engendre aucun plaisir, apparemment c'est une corvée : *"Il faut encore manger !"* Dans ce cas, pas de cérémonie, on se prépare vite un petit repas fait de presque rien qu'on avale rapidement, accoudé au bord de la cuisinière. Pourquoi se mettre une assiette ? Pourquoi apprêter une table ?...

A quoi bon faire à manger, puisqu'il n'y aura personne pour partager le repas avec moi ?... Les aides à domicile ont justement remarqué **combien le moment du repas pour ces personnes seules leur renvoie en pleine figure leur solitude si difficile à vivre**.

"Le repas pris seul n'est pas sans évoquer le manque relationnel, les séparations, les absences des proches, etc. Le repas est en ce sens le révélateur de la solitude profonde et fondamentale de l'être humain (2)."

Alors, pour fuir cela, on mange peu, mal et vite fait. D'autres réagiront à l'inverse pour oublier cette fichue solitude et mangeront énormément ou grignoteront sans cesse pour combler ce vide, rompre la monotonie, casser l'ennui... *"On se venge sur la nourriture"*, elle, au moins, est toujours là, disponible immédiatement et tout de suite prête.

En établissement, le repas partagé avec les autres résidants redevient un moment de plaisir, de convivialité pour peu que le personnel y soit vigilant. Le fait de venir manger en salle avec les autres oblige la personne à s'y préparer et à entretenir des relations sociales. Témoin, cette vieille femme qui profite d'une restauration collective en bas de chez elle :

---

(1) Témoignage d'un fils, "Faut manger... faut manger... amère nourriture...", **Gérontologie et société**, "Nutrition et alimentation", n°43, 1987.

(2) Gaucher Jacques, "Conduites de table : un acte profondément psychique" in Chapuy P.-H. "Alimentation de la personne âgée", revue **Diététique** n°4, juin 1992.

"A nos âges, nous n'avons plus assez d'appétit pour avoir du plaisir à préparer un vrai repas, et encore moins à aller faire les courses pour cela.

Un peu de jambon, du lait, du fromage, du pain et quelques fruits, cela nous suffirait pour vivoter. Pas besoin alors de faire la toilette puisque nous ne descendrions pas tous les jours.

Non, nous avons besoin que quelque chose nous pousse dehors, nous oblige à sortir de chez nous. Et le restaurant, c'est ce quelque chose.

Venir au restaurant, c'est comme si on allait en visite : on ne peut y aller en robe de chambre, en pantoufles, et mal coiffée. On a sa fierté, cela nous oblige à nous secouer.

Et lorsqu'on est là, au milieu des autres, devant un repas que l'on n'a pas eu la peine de préparer, l'appétit revient un peu. Tout en mangeant, l'une ou l'autre parle de sa famille ; celle qui est en meilleure forme raconte une sortie qu'elle a faite ou un spectacle qu'elle a vu dernièrement. On pense alors à autre chose, on oublie ses misères...(1)"

C'est notamment pour cela qu'il est très important de privilégier la prise des repas en salle à manger aux repas solitaires dans les chambres. Aller en salle à manger *"rassure sur le fait que l'on se porte suffisamment bien pour y aller*(2)*."* En écho, prendre son repas en chambre signifie qu'on est fatigué, malade, et engendre beaucoup d'angoisses.

Mais venir en salle à manger, c'est aussi prendre un risque : le risque de se montrer tel qu'on est, parfois avec ses handicaps... *"La salle à manger par son rassemblement est un jeu de miroirs déformants, insupportables parfois*(3)*."* Alors comment organiser les tables ? La question est redoutable pour tout établissement qui accepte de se la poser. Faut-il regrouper les personnes en fonction de leur handicap ? Il n'y a pas une solution miracle qui s'appliquerait à tout établissement. A chaque équipe d'y réfléchir et de trouver sa solution la plus adaptée possible à la réalité de son établissement.

Finalement lorsqu'on est amené à préparer le repas d'une ou plusieurs personnes âgées, il est donc très important de tenir compte de leurs goûts, de leurs habitudes alimentaires, de leurs souhaits... Pour mettre en appétit, il

---

(1) Témoignage rapporté par André Descornut dans la revue **Diététique** n°4, *op. cit.*

(2) Jean-Jacques Depassio, Catherine Ross, Marie-Hélène Fougerat, "Le repas en institution", revue **Diététique** n°4, p. 114.

(3) *Id.*, p. 115.

convient également de soigner la présentation des plats et de rendre la salle à manger, si l'on est en établissement, la plus accueillante possible. Mais, il y a au moins deux autres éléments qui déclenchent l'appétit :

D'abord savoir ce qu'on va manger... En effet, ce n'est pas pour rien si nous sommes souvent curieux de "ce qu'on va manger" ! On commence déjà à saliver si on sait qu'on va manger du jambon accompagné de mogettes, mais quand on lit sur le menu affiché au foyer logement "carré cornichons", ou bien "cordons bleus"... ça ne déclenche pas les glandes salivaires des résidents et c'est bien dommage... Sans doute faut-il afficher des menus aux noms plus évocateurs !...

Et il en va de même pour les odeurs. Détecter une bonne odeur de cuisine, rechercher quel mets se cache derrière, retrouver des souvenirs... Mais quand la cuisine est préparée à l'extérieur et qu'elle arrive tout prête dans votre assiette, bien des odeurs culinaires ont disparu...

Manger... ne pas manger... Des comportements à décoder

Avec Charlotte Mémin, il faut souligner que *"le comportement alimentaire de l'homme est mode de communication et que le repas a une signification relationnelle* [(1)]*."*

Autrement dit, le comportement alimentaire est un langage. Langage qu'il nous faut apprendre à décoder si nous voulons être au plus près des besoins des personnes. Des personnels de maison de retraite jugeaient souvent de

---

(1) A. Anglard, C. Mémin, "Manger en institution" in **Gérontologie et société**, "Nutrition et alimentation", n°43, 1987.

manière négative les quelques personnes qui à chaque repas refusent ce qui leur est proposé, se plaignent de la nourriture... Mais en fait, ces comportements ne peuvent-ils pas au contraire être interprétés comme *"des ultimes manifestations de la liberté individuelle* (1)*" ?* Accepter ou refuser de manger, c'est une façon de se faire reconnaître, d'user de son autonomie, de dire "j'existe".

On ne peut donc pas envisager le comportement alimentaire sans le relier à la vie affective. Dès le début de la vie, l'enfant est lié à l'autre par l'alimentation. Et si, d'une certaine manière, il est dépendant de celui qui apporte sa nourriture, il sait aussi, par son comportement face à cette nourriture, jouer de son entourage. Il sait, en effet, que son refus de manger va alerter, voire alarmer... Le comportement alimentaire sera son langage premier et le plus spontané, comportement qui restera à tout jamais inscrit en lui et dont il saura user à tous les âges, souvent de façon inconsciente. Ne demande-t-on pas à quelqu'un, qui mange moins qu'à l'accoutumée, ce qui ne va pas ? Finalement, nous avons tous intériorisé que comportement alimentaire et humeur psychologique avaient une influence l'un sur l'autre. La caricature anorexique ou boulimique est là pour en témoigner. En effet, ce qui se trouve à la base de ces troubles, c'est l'isolement de l'individu et la solitude qu'il ressent, cette incapacité à communiquer verbalement.

Une infirmière de maison de retraite avait remarqué que la plupart des personnes prenaient du poids dans les premiers mois qui suivaient l'entrée. A cela, on peut entrevoir deux raisons :

- en collectivité, les personnes retrouvent une alimentation plus riche et plus abondante que chez elles, alors que leurs besoins n'ont pas forcément varié.
- mais manger, c'est aussi combler le vide laissé par l'abandon de sa maison, de ses relations, d'un certain mode de vie...

Dans ce sens, **manger a pour fonction de rassurer, d'atténuer les angoisses liées au vide** et sans doute aussi, pour les personnes âgées, l'angoisse de la mort : *"Je mange, donc je vis !"* Cela ne fait que renforcer le vieil adage *"Quand l'appétit va, tout va !"* et souligne le lien indéniable entre le bien manger et la bonne santé physique, mais aussi psychologique.

Par ailleurs, l'enfant sera très tôt conditionné à confondre manger pour se nourrir et manger pour qu'on s'occupe de lui. Et c'est tout naturellement que, pour faire plaisir à un enfant ou à une personne âgée, on lui offrira des confiseries en pagaille... les confiseries ayant pour but d'améliorer un peu le quotidien, d'adoucir les moments difficiles, de les rendre plus supportables (et parfois de déculpabiliser celui qui les offre de ne pas passer assez de temps avec son enfant ou de ne pas visiter plus souvent son parent âgé !).

---

(1) C. Mémin, **Projet de vie avec les personnes âgées en institution**, Le Centurion, 1981.

On entend souvent dire par les personnels d'établissements que le repas est un moment attendu par les personnes âgées. Un quart d'heure, parfois une demi-heure avant le début du repas, les personnes commencent à prendre la direction de la salle à manger. Dans certaines maisons, le repas est le seul événement de la journée, on peut donc comprendre qu'on n'ait pas envie de le rater ! Et s'il est vrai que le repas est un temps fort quotidien, il ne faudrait pas qu'il soit la seule préoccupation des résidents : on mange pour vivre et pour vivre pleinement, mais on ne vit pas uniquement pour manger.

Cela dit, les repas sont des moments importants car, quel que soit notre âge, ils rythment nos journées. Ils sont des repères parmi d'autres : le travail, l'école, les informations télévisées, etc. Mais, *"pour certaines personnes âgées, les heures des repas sont les seules qui balisent le temps qui passe* (1)*."* C'est sans doute pourquoi certaines personnes sont si sensibles au respect des horaires des repas et souvent contrariées si on arrive quelques minutes en retard à l'invitation du soir...

Les repas rythment les jours : le vendredi, poisson ; le dimanche, un repas amélioré ; les jours de fête, repas de fête... et les saisons aussi. On mangera plus volontiers des tomates l'été et du poireau l'hiver. Que penser alors de cette maison de retraite qui, pour des raisons d'organisation, sert le repas amélioré (le repas du dimanche) le samedi ? Et de toutes ces techniques de conservation qui permettent de manger de tout, toute l'année ? Il y a de quoi en perdre son latin et ceci d'autant plus qu'on éprouve déjà quelques difficultés à s'orienter, à se repérer...

Les personnels regrettent que trop de repas se passent dans un silence relatif.

Mais chez nous, les repas ne sont-ils pas, parfois aussi, silencieux ? On n'a pas toujours quelque chose à se dire, on n'en a pas toujours envie. De plus, les résidents ont rarement choisi leur place à table, les voisins ne leur conviennent peut-être pas ! Et puis, lorsque les gestes deviennent de moins en moins automatiques, lorsqu'il faut se concentrer si on ne veut pas être trop maladroit, on ne peut pas parler en même temps. Enfin, beaucoup de personnes âgées ont des difficultés d'audition, discuter avec quelqu'un demande un effort important qu'on est pas forcément en mesure de fournir au moment du repas au milieu des bruits de cuillères et de fourchettes.

De même, souvent les personnes âgées en établissement quittent la salle à manger avec en poche une ou deux tartines de pain, des petits gâteaux qui accompagnaient la crème... qu'elles emmènent dans leur chambre... au cas où elles auraient un petit creux... Et dans ce cas précisément, la personne n'aura pas à demander à quelqu'un, elle ne sera pas dépendante... Un autre

---

(1) Dr P. Guillet, *op. cit.*, p. 133.

événement peut également permettre de mieux comprendre ce comportement. Les vieilles personnes d'aujourd'hui ont toutes connu des périodes de restrictions dues à la guerre. Périodes noires, difficiles, qui ont laissé des traces indélébiles dans les mémoires et qui, lorsque la personne se trouve en situation de crise, fait resurgir des peurs (la peur de manquer).

En bref...

On voit combien est grande la valeur affective des repas même si elle va parfois à l'encontre, pour les personnes aidées, de l'équilibre alimentaire. Cette valeur affective, qui est propre à chacun d'entre nous, s'enracine au plus profond de notre histoire. C'est ce qui explique, en partie tout au moins, la difficulté que chacun de nous rencontre à changer ses habitudes alimentaires. C'est pourquoi, dès lors que se pose aux aidants la question du repas (en établissement mais aussi à domicile), il convient non seulement de prendre en compte les aspects diététiques mais aussi, et peut-être avant tout, la dimension sociale du repas et la valeur fortement symbolique et affective des aliments.

Cette attention particulière contribuera sûrement à conserver, à donner ou redonner aux vieilles personnes leur appétit à vivre...

Chapitre 13

Manutention (1)

"Ne pas faire mal aux personnes âgées.
Et ne pas se faire mal à soi-même."
(Un kiné)

Avec une personne âgée, tous nos gestes sont relation. Donc chercher ce qui est bénéfique pour la **personne âgée**.

C'est aussi l'intérêt des intervenants d'arriver à la retraite en forme, autant que possible, donc d'éviter de se blesser.

Eviter le mal de dos

Mal du siècle, dit-on. Oui, en partie :

Corsets et ceintures de flanelle, ont disparu : on est moins protégé.

Les vêtements amples, commodes pour les mouvements, ont disparu ou presque.

On est assis beaucoup plus qu'autrefois, chez soi, en voiture.

Devant la télé, très peu de fauteuils adaptés : souvent trop bas, trop profonds, pas assez fermes.

Mais le mal de dos tient aussi à notre nature humaine, au fait que nous marchons sur deux jambes (les quadrupèdes n'ont pas de maux de dos, les poulets si !). On travaille trop avec le dos, qui est fragile ; et pas assez avec les membres inférieurs, beaucoup plus solides.

Jouer avec notre corps

Notre corps est un accordéon, qui plie un peu partout, parce qu'il est plein d'**articulations :** chevilles, genoux, hanches...

Notre colonne vertébrale (32 vertèbres, ou 34), est comme un mât planté sur le bassin.

---

(1) Ce chapitre est la transcription de formations à la manutention assurées par Paul Olivier, surveillant des kinés au CHD de La Roche-sur-Yon.

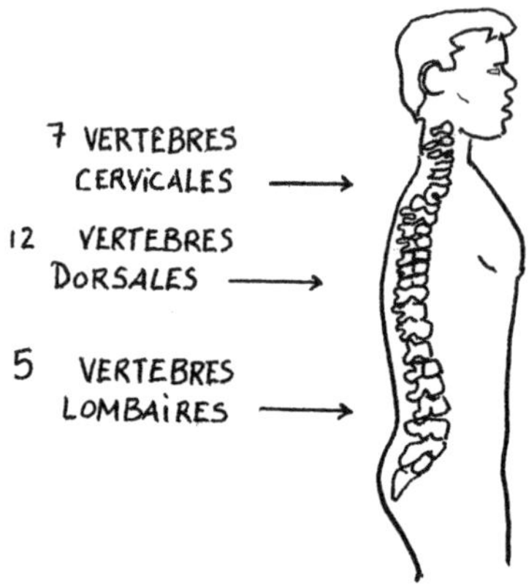

• En haut : les **cervicales**, arrondies vers l'avant permettent des mouvements dans tous les sens, parce qu'elles portent un faible poids (la tête = environ 2 kg).

• Puis les **dorsales**, arrondies vers l'arrière, mais beaucoup plus figées parce que tenues par le thorax, les côtes.

• En bas : les **lombaires**, arrondies vers l'avant, mais qu'on risque de creuser trop alors qu'elles sont faiblement tenues, par une ceinture de muscles (les abdominaux souvent trop faibles et trop longs). Contrairement à ce qu'on pense, on est souvent trop musclé au niveau des lombaires : les muscles, trop contractés, rapprochent les extrémités de la courbure lombaire, ce qui accentue celle-ci et entraîne fatigue et douleur.

Au total : travailler, c'est une certaine façon de danser, en jouant avec toutes les possibilités de notre corps.

D'où quelques principes

Se plier (s'accroupir) et non pas se pencher en avant en gardant les jambes raides.

Travailler au plus près, et non à bout de bras, c'est-à-dire tenir très près de nous la charge ou la personne.

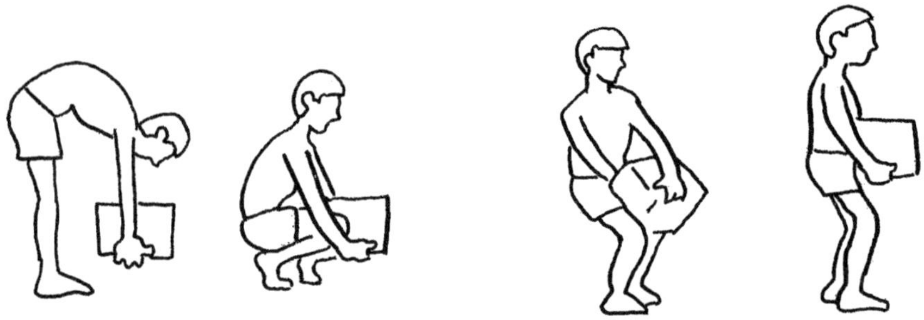

Mauvaise position — Bonne position — Bonne position — Bonne position

Savoir **verrouiller notre colonne lombaire**, en raidissant les muscles qui la protègent.

Savoir **utiliser les déséquilibres**, les contrepoids, les bras de leviers (les nôtres, et ceux de l'autre).

Solliciter le plus possible les personnes âgées : elles aussi, elles plient, et ça leur fait plaisir (et du bien) de “participer”.

Prendre le **temps de réfléchir** (souvent on va trop vite), du moins tant que tout cela n’est pas devenu un automatisme. Se demander :

> *“qu’est-ce que la personne âgée peut faire ?”*
> *“est-ce que quelqu’un peut m’aider ?”*
> *“comment m’y prendre ?”*

Travailler **le plus possible à deux** (souvent tête contre tête) : alors, il faut qu’un des deux commande, c’est-à-dire vérifie la position de l’autre, compte 1-2-3 et veille à contrôler tout le mouvement.

Profiter des **remarques des autres**. Quand quelqu’un dit : “tu t’y prends mal”, ne pas y voir une critique, mais un service qu’il nous rend.

Tourner une personne dans son lit (= rotation)

Je plie les jambes, pour être à la hauteur appropriée.

(Si je suis à sa gauche), je passe mon bras droit sous sa tête, et je pose ma main droite sur son épaule droite : son épaule gauche doit être dans mon coude droit.

Puis je passe mon bras gauche sous sa jambe gauche, et ma main gauche sur la cuisse, le plus près possible de sa hanche.

Alors, je me redresse en dépliant les jambes (pour ne pas forcer avec mes bras ni surtout avec mon dos) : la personne tourne pour ainsi dire toute seule.

La déplacer, de côté, dans son lit (= translation)

Façon de faire ordinaire, quand on est seul :

Je demande à la personne de prendre appui sur une jambe (ou les 2) et de se tenir prête.

Mettre mes deux mains sous son bassin.

Je compte 1-2-3 ; à 3, la personne se soulève un peu sur ses jambes ; juste à ce moment-là, je la pousse ou la tire (son bassin et ses jambes se déplacent).

Ensuite, pour déplacer son buste, je fais un portique en m'appuyant d'une part sur ma jambe droite, d'autre part sur ma main gauche posée de l'autre côté de son corps ; je passe ma main droite sous ses épaules et, en m'appuyant bien sur mon portique, je déplace son buste en douceur.

Si on est deux :

On se met tête contre tête.

Chacune passe une main sous les cuisses le plus près possible du bassin, et l'autre main sous son dos, juste au-dessus du bassin.

L'une a les jambes pliées, l'autre les jambes tendues. Celle qui a les jambes pliées va se redresser et pousser vers l'autre, qui fléchit les jambes et donc tire la personne sans difficulté.

L'asseoir dans son lit

(Si je suis à sa gauche)

Je pose mon genou droit sur son lit, près de sa hanche.

J'appuie mon bras gauche sur le lit près de sa hanche droite (ainsi, mon bras fait portique avec ma jambe opposée).

Je passe mon autre bras bien derrière son dos.

Alors, en m'appuyant sur mon portique, je bascule vers l'arrière, je l'assois sans effort, nos visages se retrouvant face à face, car je suis assis pratiquement en face d'elle.

La remonter dans son lit

(Technique australienne, à deux personnes) :

On assoit la personne.

Toutes deux la tête tournée vers la tête du lit, on pose un genou sur le lit, au niveau du bassin de la personne.

Nos deux mains se rejoignent sous ses cuisses.

Notre autre main est posée, en appui, derrière la personne.

Nous appuyons chacun notre épaule sous son aisselle, nos deux têtes étant derrière son dos.

1-2-3 : nous soulevons la personne vers la tête du lit, en continuant à pousser avec nos épaules.

L'asseoir au bord du lit

Si elle n'a pas d'escarres :

Je commence par l'asseoir dans son lit, comme ci-dessus.

Je croise légèrement ses jambes, un pied sur l'autre.

Puis je passe une main sous ses jambes, le plus près possible des chevilles, et l'autre main dans son dos.

Ma jambe la plus proche des pieds de la personne est fléchie (sur la pointe), l'autre est tendue. D'un geste synchronisé, je plie le bras qui tient ses jambes et j'étends celui qui est dans son dos ; en même temps, ma jambe pliée se tend, passant de la pointe du pied sur le talon, et la jambe qui était tendue se fléchit : la personne pivote ainsi sur son fessier et se retrouve assise au bord du lit.

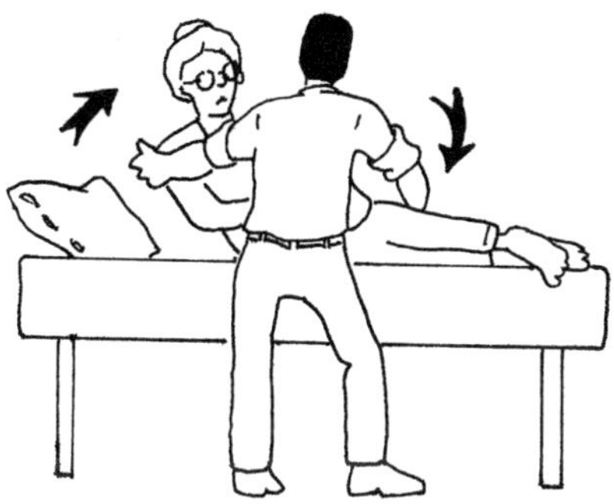

Si elle a des escarres :

Je la tourne, d'un quart de tour, vers moi, pour la coucher sur le côté, jambes tout au bord du lit.

Je passe une main par-dessus ses jambes, l'autre sous sa tête derrière son dos. Ma jambe proche de sa tête est pliée, l'autre tendue. Je tire ses jambes vers l'extérieur du lit et, au moment où elles sont dans le vide, je redresse la personne en tendant ma jambe pliée (l'autre se plie) et en tendant aussi le bras placé sous sa tête. Pour recoucher la personne, faire la manœuvre inverse.

Du lit au fauteuil

1 – L'asseoir au bord du lit (comme ci-dessus).

2 – Pour la mettre debout au bord du lit :

- Me mettre face à elle.
- Bloquer ses pieds et ses genoux avec les miens.
- Me plier légèrement devant elle, passer mes mains derrière son dos (l'une en haut, l'autre vers le sacrum), l'attirer vers moi (éventuellement lui demander de me tenir avec ses bras).
- D'un coup, tirer vers en haut tout droit pour la lever, et rejeter une jambe en arrière, pour me mettre en position de sécurité (= éviter une chute éventuelle et protéger ma colonne lombaire).

3 – Pour la mettre au fauteuil :

- La faire pivoter, sans bloquer mes pieds (pour éviter une torsion au niveau de ma colonne lombaire), de façon que la personne soit dos au fauteuil.
- Eventuellement, faire reculer la personne jusqu'à ce qu'elle touche le fauteuil. Si la personne le peut, lui demander de saisir les accoudoirs du fauteuil avant de s'asseoir.
- La tenant toujours à pleins bras, je m'abaisse en pliant les jambes pour l'asseoir doucement, en appuyant (si besoin) sur ses épaules.

(Pour la raccompagner du fauteuil au lit : manœuvre inverse).

Pour passer directement du lit au fauteuil une personne, en se mettant à deux :

On installe le fauteuil près du lit.

L'une passe ses deux mains sous le bassin de la personne.

L'autre à la tête du lit, passe les mains sous les aisselles et la saisit aux avant-bras, ou à bras le corps.

1 – 2 – 3 : on soulève bien ensemble.

(Pour le retour au lit, poser d'abord les pieds sur le lit puis mouvement inverse de tout à l'heure).

La lever de son fauteuil

Je ramène ses jambes le plus possible sous son fauteuil.

Je bloque ses pieds avec les miens.

Je me plie légèrement vers elle, je passe mes mains derrière son dos, et je l'attire vers moi.

D'un coup, je tire vers en haut, bien droit, pour la lever.

En même temps, je rejette une jambe en arrière, pour me mettre en position de sécurité.

L'installer correctement dans son fauteuil

(Alors qu'elle est trop sur le bord) :

Par devant :

Lui faire plier ses jambes (si possible).

Me mettre bien en face d'elle.

Bloquer ses pieds avec les miens, serrer ses genoux entre les miens.

Passer mes mains sous ses bras, derrière son dos, et l'attirer vers moi.

La soulever un tout petit peu.

Dès que son postérieur décolle du fauteuil, mes genoux poussent sur les siens pour la propulser au fond du fauteuil.

Par derrière :

Je plie un peu mes jambes.

Je passe mes bras sous ses aisselles et je tiens ses avant-bras (ou ses bras croisés).

Je redresse mes jambes et, en même temps, je pousse avec mes bras sous ses omoplates.

Je la laisse retomber doucement.

A deux :

Une derrière, pour la soulever.

L'autre devant, pour pousser sur ses genoux.

Quoi faire avec une personne à terre ?

Avant tout :

- Ne pas s'affoler ! Une personne à terre n'est pas forcément en danger.
- Faire marcher notre tête et **analyser** la situation : *"La personne a-t-elle du mal ? Est-ce que je peux la relever seul... et sans me faire de mal ?"*

Si on pense ne pas pouvoir faire face seul, la laisser à terre, en l'installant confortablement... et appeler quelqu'un (collègue, pompiers au besoin...).

Pour la relever, **si on est seul :**

- L'asseoir par terre (comme pour l'asseoir dans son lit : voir ci-dessus).
- Me placer derrière elle, m'accroupir, passer mes bras sous ses aisselles, la tenir par ses avant-bras repliés ou à bras le corps, la relever en restant derrière elle et en rejetant une jambe en arrière pour ne pas basculer.

Autre possibilité, en la faisant "travailler" plus :

l'aider à se retourner sur le ventre

puis à se mettre à quatre pattes

et à s'appuyer sur un objet fixe pour se relever.

(En somme, on fait jouer les mêmes réflexes que chez l'enfant qui apprend à se mettre debout).

Si on est deux (un de chaque côté) :

- Si elle peut plier les jambes, les lui faire plier, et bloquer ses pieds avec les nôtres.
- Si on peut, la prendre à la taille (ceinture, drap roulé...) et, en même temps (avec notre autre main) sous les bras.
- Notre jambe proche du tronc de la personne est pliée, l'autre tendue. Tête contre tête, au commandement, pousser fort sur la jambe pliée, bien ensemble.

A deux, quand **on a peu de place :**

- Essayer de trouver un brancard, ou même une planche.
- En basculant la personne sur le côté, glisser la planche sous son dos.
- Ensuite, prendre la planche par les deux bouts, soulever, porter vers le lit.

(Attention à bien se fléchir sur les jambes et à soulever en même temps).

Quelques savoir-faire

Pour soutenir une personne et l'aider à marcher, lui tenir le coude ou la main avec ma main. Si elle a besoin d'être soutenue plus solidement, tenir sa main gauche avec ma main gauche, et passer mon bras droit autour de sa taille.

Avec **une personne qui ne veut pas s'asseoir**, une poussée légère mais continue au niveau de l'aine, tandis que l'autre main, posée sur son omoplate, tend à l'incliner légèrement vers l'avant.

Avec **une personne qui ne veut pas se lever :**

– la faire pivoter deux ou trois tours sur elle-même puis la faire lever d'un coup (c'est le réflexe de redressement par accumulation d'énergie explosive).

– ou lui demander de m'attraper (à la taille ou au cou) et reculer d'un coup ; elle me suit.

– ou lui passer une sangle à la cuisse, le plus près possible de la hanche, et tirer vers moi, en la tenant aussi à l'épaule.

Pour faire avancer ou reculer **une personne qui est complètement bloquée** (parkinson) la faire basculer très légèrement d'un côté puis de l'autre, en pivotant légèrement et ainsi la faire bouger peu à peu.

Avec quelqu'un qui a une jambe faible :

– la canne se porte dans la main opposée à la mauvaise jambe.

– pour monter un escalier, on pose d'abord la bonne jambe qui se lève aisément.

– pour descendre, d'abord la mauvaise, parce que l'autre soutient le poids du corps (clé : se demander toujours : dans ce cas, quelle est la jambe qui travaille le plus ?).

En bref...

Quand on aide une personne (âgée) à se mouvoir, mieux vaut ne pas lui faire mal ! Et aussi ne pas se faire mal à soi-même.

Pour cela, on peut solliciter la personne, pour la "faire travailler" dans la mesure où elle le peut. Souvent, mieux vaut prendre un instant pour réfléchir à la meilleure façon de faire ("la tête et les jambes"). Il s'agit aussi d'utiliser au mieux toutes les ressources de notre corps.

Ensuite seulement viennent les techniques...

Chapitre 14

Animation

"Des choses qu'on fait, mais sans réaliser leur importance... et on les fait plus ou moins bien."
(Un agent)

L'animation est une composante tout à fait essentielle de la vie dans un établissement. Mais le mot même d'animation est terriblement ambigu. Souvent, on ne sait pas de quoi on parle : dans certains établissements, il y a peut-être beaucoup plus d'animation qu'on ne le croit ; et, dans d'autres, beaucoup moins...

Des animations ? ou de l'animation ?

Le mot "animation(s)" désigne souvent des activités organisées de temps en temps, assurées tantôt par des membres du personnel, tantôt par des intervenants extérieurs (chanteur, prestidigitateur, musicien, groupe...). Il serait plus juste, alors, de parler "d'activités".

On gagnerait à toujours parler de "l'animation" au singulier. Il serait plus clair pour tous que "les activités" ne sont qu'une partie de l'animation. Elles n'en sont même pas la partie la plus importante, ni la première.

Le plus important, ce à quoi il faut être d'abord attentif, c'est **l'animation de la vie quotidienne**. C'est-à-dire comment tous les gestes, paroles, événements... de la vie de tous les jours, sont ou peuvent être "animés et animants".

"L'animation, dit un aide-soignant, *commence avec le premier 'bonjour' le matin"*. Cela paraît évident ? simple ? Au cours d'une formation à l'animation de la vie quotidienne, on avait réfléchi sur le bonjour. Deux semaines plus tard, une femme disait : *"Maintenant, je dis vraiment bonjour aux résidents. – Comment ? tu ne leur disais pas bonjour auparavant ? – Si ! Mais mon bonjour s'adressait à tout le monde et à personne. C'était devenu une ritournelle complètement vidée par la routine. Maintenant, c'est une vraie relation, personnelle et chaleureuse : Bonjour Madame X."*

La toilette, au lieu d'être simplement une nécessité d'hygiène, peut être un temps fort de relation et d'animation.

Pour qu'une toilette soit animée/animante

(résultat de la réflexion de plusieurs groupes
de personnel d'établissements)

Avant :

– c'est le premier contact de la journée : donc se rendre attentif à la personne (et non allumer sa radio ou sa télé), lui dire un vrai bonjour.

– on entre dans l'intimité de la personne : s'annoncer, se présenter (si besoin), lui annoncer ce qu'on va faire, en évitant le "on" dé-personnalisant (*"On se lève... on va faire sa toilette"*), en usant plutôt de formules qui situent mieux les deux partenaires (*"Je vais vous faire ceci... que souhaitez-vous ?..."*).

– savoir parler du temps qu'il fait, du jour qu'on est... : cela peut être important, non seulement pour donner des repères à la personne, mais pour entrer progressivement en relation, et aussi parce que la température (en milieu rural surtout) peut être vécue comme importante.

Pendant :

– importance d'une certaine qualité du toucher. Assez de douceur pour que la toilette ne soit pas un simple nettoyage (il arrive qu'on nettoie une personne comme on récure une casserole !). En même temps, assez de vigueur, surtout pour frotter les points sensibles (non seulement cela évite les escarres mais, si c'est correctement fait, cela procure bien-être et sécurité, une certaine énergie passe du soignant au soigné).

– joindre la parole au toucher : annoncer ce qu'on va faire, expliquer ce qu'on fait ; mais aussi demander à la personne ce qu'elle ressent ; et, le plus possible, lui permettre de parler de tout ce qui lui tient à cœur.

– terminer soigneusement : après-rasage, eau de toilette, nettoyer les lunettes, mettre la montre à l'heure, etc.

Des conditions :

– avant tout, le respect : ne pas traiter la personne en objet, mais vraiment en sujet, qu'elle puisse "participer" tout au long, choisir ses vêtements, etc.

– respecter sa personnalité, sa pudeur, son rythme, ses habitudes : il y a, dans la toilette, une sorte de “rituel” sécurisant, et c’est aussi pour nous une façon de lui donner d’elle-même une image valorisante.

– pour cela, si possible être seul avec la personne (quand on est deux, on risque de se parler par-dessus sa tête).

– pour cela, il faut aussi du temps... et on en manque de plus en plus ; il faut surtout une intensité de présence.

Conclusion : *“Tout ça, ce sont des choses qu’on fait... mais sans toujours réaliser leur importance... et on les fait plus ou moins bien !... Maintenant, je vais regarder les personnes d’un autre œil, chacune, et ça devrait changer des choses dans ma façon de faire leur toilette.”*

Les repas, au lieu d’être seulement une nécessité alimentaire, peuvent être un moment capital de plaisir et de convivialité (voir chapitre 12 sur alimentation et repas).

Alors, même dans un établissement où les activités (dites d’animation) sont peu nombreuses, il y a peut-être plus d’animation qu’on ne le pense. Au terme d’une longue réflexion là-dessus, quelqu’un disait : *“Les collègues vont être surprises, quand je vais leur dire tout ce qu’elles font déjà comme animation... sans s’en douter !”*

A cette nuance près, peut-être : quand on ne s'en doute pas, c'est-à-dire tant qu'on ne prend pas conscience que tous ces gestes quotidiens peuvent être animés/animants... ils risquent de ne pas l'être, ou pas autant qu'ils le pourraient, parce qu'on risque de les accomplir simplement comme des tâches nécessaires. **Que chaque jour, chaque geste, chaque parole, soit animé(é)/animant(e)**, cela dépend du comportement de **chaque membre du personnel**. Encore faut-il que chacun prenne conscience que c'est là d'abord que se joue l'animation essentielle de l'établissement.

Vie et mouvement...

Qu'est-ce donc que l'animation ? *"C'est la vie"*, répond-on souvent.

Déjà, cela indique que les établissements doivent être "des lieux de vie". Or beaucoup de choses poussent les établissements sur une pente "sécuritaire" (les résidents y entrent souvent parce qu'ils ne peuvent plus vivre chez eux) ou "hygiéniste et médicale" (on soigne, on traite). Comment résister à cette pente et mettre en premier la "vie (1) ?"

De la même manière, la mission fondamentale de tout le personnel vis-à-vis des résidents est de "les aider à vivre". Cela suppose de sortir d'une pure logique des tâches (je suis chargé du ménage, toi de la cuisine), ou plutôt de réaliser que tout ce qu'on a à faire a pour finalité d'"aider à vivre". De même, les activités qui seraient mises en place uniquement pour occuper les temps morts devraient être ré-ajustées, éventuellement remises en cause, selon ce critère : aident-elles à vivre ?

... Mais aussi repos et inaction

Définir l'animation par la vie, et donc le mouvement, ne doit pas faire oublier ni dévaloriser le repos et l'inaction.

D'abord chacun a le droit (et le besoin) de se reposer. En particulier les personnes âgées, qui ont longtemps travaillé, et parfois très dur. *"J'ai bien le droit de me reposer !"* disent-elles parfois. Alors, de quel droit voudrions-nous qu'elles soient toujours actives et occupées ? Se reposer, ne rien faire, cela fait partie de la vie !

Sans doute, on l'a dit ailleurs, l'exercice est très important pour maintenir le corps et l'esprit en forme. Mais certains "acharnements d'animation", de la part du personnel, ne sont-ils pas un refus de la mort des résidents ? Ils mourront, pourtant. Alors, accepter que M. X ne puisse plus marcher, ni bouger, ni manger, n'est-ce pas commencer d'accepter qu'il puisse un jour mourir ?

---

(1) Cf. **ASH** n°1851, 29 octobre 1993, pp. 9-10, "L'animation, un autre visage pour les établissements de personnes âgées".

Mais, plus profondément, identifier la vie au mouvement, n'est-ce pas ignorer une dimension essentielle de l'homme ?

En effet, d'autres civilisations, orientales par exemple, valorisent l'immobilité, comme signifiant : réflexion, paix, plénitude intérieure (1). Chez nous, même, psychologues et pédagogues soulignent combien une certaine passivité corporelle peut être indispensable à la structuration de la personnalité de l'enfant, puis à la vie profonde de l'adulte. A tel point que Françoise Dolto s'inquiétait de voir se multiplier les animateurs et disait qu'il faudrait inventer des "passivateurs" !

Reconnaître ainsi les valeurs positives, au moins possibles, d'une certaine immobilité, c'est évidemment plein de conséquences en ce qui concerne l'animation au quotidien.

Par exemple, on dit beaucoup de critiques sur ces "halls d'entrée" où sont assis des résidents immobiles et souvent muets. Mais sont-ils aussi passifs qu'il y paraît ? S'ils se tiennent obstinément là, c'est qu'il y a beaucoup à voir et à entendre.

De la même manière, quand on les fait voyager en car, l'essentiel pour nous est le but, et le temps passé dans le car n'est qu'une contrainte ; pour eux, il est possible que la durée du voyage soit l'essentiel : *"Ils observent avec attention les paysages, les maisons, les gens, du haut de leur siège, à l'abri de leur vitre, ils sont bien (2)."*

---

(1) Cf. A. Manoukian, "Animation et attentes des personnes âgées en institution", **Gérontologie et société**, n°66, octobre 1993, p. 25 sq.

(2) Cf. *ibid.*, p. 27.

Se préoccuper de l'ensemble de la maison...

Souvent, ceux qui parlent de l'animation dans les établissements l'envisagent au niveau global. Ce qui peut paraître intéressant. Mais la situent-ils toujours là où elle doit être ?

Il n'est pas rare d'entendre un directeur dire : *"Moi, j'ai une animatrice !"* Ce qui semble signifier, d'une part : *"Ceux qui n'en ont pas sont des moins que rien !"*, d'autre part : *"Avec mon animatrice, je n'ai plus à me poser de questions sur l'animation dans mon établissement"*. Ou bien, les questionnements tournent uniquement autour de ce qu'ici nous appelons "activités", mais dans un langage très ambigu : *"Chez vous, qu'avez-vous comme animations ?"*

L'animation, dans son sens plénier, c'est tout autre chose !

Pour que tout, dans la maison, favorise l'animation

(point de vue d'un Directeur d'établissement)

Le premier pilier de l'animation, c'est la vie de tous les jours. C'est-à-dire que tous les éléments les plus fondamentaux et les plus quotidiens doivent favoriser l'animation :

- *l'architecture* d'abord : un établissement lumineux influe sur la bonne humeur ; la possibilité pour les personnes d'apporter leur lit, leurs meubles, leurs bibelots et photos, fait que c'est leur maison...
- *l'alimentation* aussi peut être un élément de l'animation, par exemple en tenant compte des habitudes alimentaires des résidents.
- *le souci de leur santé physique et mentale* implique d'abord de tout faire pour qu'ils conservent les activités qu'ils avaient auparavant (passer le balai dans leur chambre...).
- *le souci de leur autonomie* suppose qu'on ne fasse pas à leur place ce qu'ils peuvent faire, mais qu'on les laisse faire ou qu'on les aide à faire (exemple : se laver les mains, boutonner leur chemise ou gilet...).
- nous devons aussi savoir *accepter qu'ils ne fassent rien...*

C'est seulement après tout cela que je situe les autres piliers de l'animation :

- les *activités organisées* par nous (que j'appellerais volontiers *"animations-prestations"*).
- les *interventions d'artistes ou groupes extérieurs* (que *j'appelle "animation sous-traitée"*).
- enfin *les va-et-vient avec l'extérieur :* bénévoles qui viennent (désormais organisés en association), sorties que nous réalisons...

... Mais d'abord de chaque personne

Une maison peut être très animée... et les personnes très peu ou pas du tout. Au terme d'une réflexion approfondie sur les conditions pour qu'une toilette soit animée/animante, des aides-soignantes notaient : *"Chez nous, au moment des toilettes, les couloirs sont très animés ; mais les résidents, c'est moins sûr !"*

Un établissement peut afficher un nombre impressionnant d'activités dites d'animation... alors que la grande majorité des résidents ne bénéficient d'aucune animation : parce qu'ils sont très dépendants, ou parce que *"ça ne les intéresse pas"*, ou encore *"parce qu'ils ne veulent rien faire"*...

La seule façon d'appréhender l'animation comme il convient, c'est de la considérer à partir des résidents et même, le plus possible, à partir de chaque résident.

Par exemple, dans nombre d'établissements, les salons prévus pour que les résidents puissent y séjourner et s'y rencontrer sont déserts... tandis que le hall d'accueil est envahi. Faisant ce constat, un directeur, avec son équipe, s'est dit que les résidents indiquaient la voie à suivre : **s'ils préfèrent le hall, c'est que la vie est là** (on voit passer beaucoup de gens, il y a des "bonjour" échangés, des rencontres). Il fut donc décidé d'aménager le hall en lieu de vie, avec un bar, un distributeur de boissons, et surtout des tables où résidents et visiteurs peuvent s'asseoir et deviser tout en buvant.

Ailleurs, les meilleurs "temps forts" de l'animation viennent des résidents ou des familles à l'occasion des anniversaires. On ne sait plus bien quand, ni comment cela a commencé. Mais le démarrage a été complètement spontané. Et cela reste toujours aussi spontané : la maison n'organise rien, n'avertit personne. Pourtant, tout le monde est là, même les hommes (plus qu'aux activités organisées) : signe que les gens se sont avertis. La famille ou le résident offrent ce qu'ils veulent : brioche, café, vin... Certains lancent des chansons ou prennent d'autres initiatives...

Finalement, la vraie animation, c'est-à-dire celle qui fait que le résident "vit", suppose qu'on rejoigne le **"projet de vie"** de ce résident. Et donc qu'on le connaisse assez, y compris son passé, pour savoir ce qui lui fait plaisir, ce qu'il peut souhaiter... Et aussi qu'il ait le plus possible la possibilité de participer comme il l'entend.

Madame Trouche

(78 ans, en maison de retraite depuis 10 ans
– Présidente de l'association Liberté du résident en institution – Lyon)

Pour ma part, j'ai 78 ans, mais je suis acteur de ma vie. Ce n'est pas toujours facile...

Quand je suis entrée en maison de retraite, on m'a demandé mes revenus. Ce qui est normal. Mais personne ne m'a demandé ce que je savais faire, de quoi j'étais capable, ce que je souhaitais. Pendant un an, j'ai erré dans cette maison, en proie au plus grand désespoir.

Parce que j'ai toujours été une personne dynamique et joyeuse : j'écrivais des poèmes, je faisais des pièces... Si je m'en suis sortie, ce n'est pas que quelqu'un soit enfin venu me demander ce que je pouvais et voulais faire. Il a fallu que ce soit moi qui dise, et avec force :

"Mais, vous savez, je sais faire ci, je peux faire ça !". J'ai eu cette audace. Mais combien de résidents ne pourront jamais parler ainsi ?

(Propos recueillis par nos soins lors de son intervention au 23e congrès UNIOPSS, à Nantes, en janvier 1993)

Importance du groupe...

Que le groupe soit important pour l'animation en général, et pour les activités en particulier, c'est sans doute assez clair pour tout le monde. Mais il semble que, dans de nombreux cas, on soit loin d'en avoir tiré toutes les conséquences...

Par exemple, en ce qui concerne les activités, on se préoccupe beaucoup de trouver des indications techniques : comment s'y prendre pour réaliser telle ou telle activité ? Se préoccupe-t-on suffisamment, et assez tôt, de la façon d'animer un groupe ? Pourtant, c'est bien cela qui est primordial. A la limite, quelqu'un peut être très au point sur telle technique, et faire un travail insatisfaisant avec le groupe. Or **la technique, pour importante qu'elle soit, est seconde : elle est un support**. Ce qui est premier, c'est le groupe et ce qui s'y vit : ce que chaque personne peut y apporter et ce qu'elle peut y trouver.

Voilà pourquoi celui qui veut animer une activité doit d'abord se former à animer un groupe : c'est quoi, un groupe ? Quand je me prépare à animer un groupe, à quoi et à qui je dois penser ? Pendant que j'anime, quels doivent être mes pôles d'attention ? Quels sont les comportements qui facilitent vraiment la participation des membres ? Quel style d'animateur je suis ?

… Mais aussi la solitude

De même que l'importance du mouvement ne doit pas faire oublier celle du repos et de l'inaction, de même l'importance reconnue au groupe ne doit pas conduire à ignorer ou dévaloriser celle de la solitude.

Certes, la solitude peut être douloureuse, et même "ennemie mortelle[1]" , lorsqu'elle s'identifie à l'ennui, lorsqu'on a le sentiment de n'exister pour personne, de ne compter aux yeux de personne. Cette solitude-là est à éviter ou à combattre : le groupe, alors, peut être une planche de salut.

Mais ne dit-on pas trop de mal de la solitude ? Car il y a une solitude profonde qui tient, pour chacun de nous, au fait que nous sommes un être humain : je suis seul à pouvoir dire "je" à ma manière. Alors, une certaine solitude est positive, vitale, elle est "une amie incomparable[1]". Et, si elle est parfois dure à vivre (par exemple après un deuil), elle n'est pas nécessairement à fuir, mais peut-être à "apprendre [2]".

Concrètement, cela nous appelle à avoir un autre regard et un autre comportement par rapport à quelques situations :
- telle personne qui veut toujours être avec les autres, mais qui ne parle jamais avec eux : peut-être a-t-elle trouvé son équilibre personnel entre le groupe et la solitude.
- telle autre qui demande à faire seule, chez elle, ce que vous proposez en activité collective (tricot, bricolage...) : pourquoi pas ?
- ou même telle autre qui ne sort de sa chambre que pour les repas : elle a peut-être un tempérament d'ermite.

Savoir proposer, inciter, stimuler…

Qu'il s'agisse d'activités, ou d'animation au sens large, l'entourage (familial ou professionnel) a évidemment un certain rôle de proposition, d'impulsion. Mais, en insistant trop sur cet aspect, on risque de réduire indûment la part d'action des résidents.

"Ils ne savent pas ce qu'ils veulent !" dit-on parfois. Evidemment, si on leur demande d'imaginer des activités, il n'est pas très étonnant qu'ils ne sachent quoi dire. Par contre, si on leur suggère une chose, et surtout si on la leur fait expérimenter, ils ont beaucoup plus facilement un avis.

"Comment les faire parler ? Comment leur faire faire ceci ou cela ?" Questions fréquentes sur les lèvres des personnes chargées d'animer des activités. Questions qui ne sont pas illégitimes, en soi. Mais vouloir *"faire*

---

(1) F. Dolto, **La solitude**, Le Livre de poche, 1985.

(2) Cf. **La solitude, ça s'apprend**, l'expérience du veuvage racontée par celles qui la vivent, Ed. George, 1992. Voir, ici même, le chapitre 9 sur les relations et la solitude des personnes âgées.

parler" les résidents, n'est-ce pas avoir un peu l'attitude manipulatrice du policier qui a *"les moyens de faire parler"* le coupable présumé ? Et vouloir *"leur faire faire"* quelque chose, n'est-ce pas avoir un peu l'attitude manipulatrice du chef qui commande ?

Par exemple, un agent, chargé d'animation, imagine de décorer les couloirs en y suspendant des oiseaux découpés dans du carton ; elle demande aux résidents de découper les oiseaux mais en vain : *"Ils ne veulent pas m'aider !"* dit-elle, très triste. A ce point, c'est caricatural. Mais il est assez fréquent, qu'il s'agisse d'une activité, d'une toilette, ou d'autre chose, d'entendre le personnel dire à un ou plusieurs résidents : *"Voulez-vous m'aider ? Aidez-moi !"*

N'est-ce pas le signe que, inconsciemment sans doute, il s'est produit une inversion ? En effet, dans une telle perspective, c'est moi qui tiens toute la place : j'imagine l'action, j'en prends l'initiative, je la conduis... et je demande aux résidents de m'aider. En somme, d'un bout à l'autre, je suis le seul sujet. Et eux, sont comme des objets à animer. Un enfant le disait un jour à propos d'un moniteur : *"Avec lui, faut toujours jouer, on peut jamais s'amuser !"* "Jouer", cela voulait dire que c'était le moniteur qui choisissait le jeu, en décidait le moment, en fixait les modalités... et les enfants n'avaient qu'à suivre. "S'amuser", au contraire, c'était la possibilité, pour les enfants, de laisser jouer leur imagination et leur créativité.

Cet enfant ne nous indique-t-il pas la direction à suivre pour une véritable animation ?

... Mais surtout favoriser l'autonomie du résident

Le but à poursuivre, si on veut vraiment animer, c'est que les résidents soient le plus possible "sujets".

Ainsi, avant de proposer quelque activité que ce soit, notre premier travail consiste sans doute à repérer et favoriser tout ce que les résidents font déjà, ce qu'on peut appeler l'auto-animation :

– *"Chez nous*, dit un agent, *les boîtes aux lettres sont dans le hall ! Le matin, il y a toujours plusieurs personnes qui sont là, bien avant le passage du facteur. Elles discutent. Et, quand le facteur est passé, en parcourant leur courrier, elles échangent des nouvelles. Certaines portent le courrier de personnes qui ne peuvent descendre. Ah ! il s'en passe des choses, pendant trois-quarts d'heure/une heure ! Mais le voyons-nous ? Y accordons-nous de l'importance ?"*

– *"Chez nous*, dit une autre, *plusieurs personnes mettent le couvert. Ça les occupe, ça les entretient, et elles se sentent utiles. Mais jamais je n'avais pensé que, pour elles, c'était de l'animation !"*

- De la même manière, il faudrait souligner comment les jeux de cartes, organisés spontanément par des résidents peuvent être profitables pour les mains, les yeux, la mémoire, les émotions, la parole...
- Plus largement, toutes les relations, amicales ou non, que les personnes peuvent avoir (entre elles ou avec d'autres) sont de l'auto-animation : conversations, invitations à prendre un café, etc.
- De même, tous les services qu'elles peuvent se rendre : faire les courses de celle qui ne peut se déplacer, prêter une revue, lire le journal à celle qui ne voit plus, rendre visite à quelqu'un, fermer les volets, parfois même rouler un fauteuil, aider une personne à table...

Les premiers animateurs, ce sont donc les résidents eux-mêmes : ils s'auto-animent souvent beaucoup plus qu'on ne le pense. Mais cela ne veut pas dire qu'ils n'aient pas besoin de nous !

En effet, il est très important que nous sachions repérer ce que font les uns et les autres, même si c'est petit et peu visible, car c'est indispensable pour que nous puissions valoriser ce qu'ils font déjà, le favoriser, et même le développer.

Faut-il des "animateurs" ?

De même qu'on doit se soucier que les gens qui animent des activités n'empêchent pas les résidents d'être pleinement acteurs, de même on doit se demander si des " animateurs" attitrés ne risquent pas d'empêcher le reste du personnel de prendre sa place dans l'animation.

C'est pourquoi des responsables d'établissements, en créant un poste ou demi-poste pour l'animation, ont choisi non pas de le confier à une personne, mais de le répartir sur tout le personnel, de façon que tous ceux qui le veulent puissent animer des activités, selon leurs possibilités et leurs goûts.

Ailleurs, celui qu'on appelle "animateur" se situe délibérément en **coordinateur**, son rôle étant de permettre aux autres d'assurer toujours mieux leur fonction d'animation : *"L'important, ce n'est pas ce que je fais, mais ce que je rends possible. Moins je fais de choses moi-même, plus c'est bon signe* (1) *!"*

De même, des bénévoles ont, de plus en plus, un rôle important dans l'animation quotidienne et dans les activités de détente. A condition que cela se fasse en harmonie et collaboration avec le personnel. Et, pour cela, il paraît indispensable que les bénévoles s'organisent en association.

(1) Propos recueillis au premier congrès d'animateurs en gériatrie, à Saint-Nazaire, les 10 et 11 mai 1990.

Leur bien... mais d'abord leur plaisir

Dans un établissement, certains résidents participent à deux groupes de gymnastique : un avec le kiné, un autre avec l'animateur. Le premier groupe a nettement une visée thérapeutique, et les personnes y vont pour leur bien. Le second a une visée seulement ludique, et elles y vont pour le plaisir.

Cela n'empêche pas que, dans le premier, elles peuvent aussi passer d'agréables moments, et que le second peut aussi leur faire du bien. Il arrive même que les personnes font, en s'amusant, des gestes que, avec le kiné, elles disent ne pas pouvoir faire. Cela nous indique un point essentiel de l'animation : la spontanéité, l'envie, le plaisir sont un moteur autrement puissant que la raison et les raisonnements.

La question capitale, pour nous, est alors celle-ci : comment repérer, pour chaque résident, ce qui lui fait envie, ce qui lui fait plaisir ? Mais d'abord croyons-nous vraiment que chacun (sauf exceptions) a – peut avoir – des attentes, des désirs ?

En bref...

L'animation essentielle, dans un établissement, ce n'est pas les activités qu'on organise, mais bien ce qui fait que la vie de tous les jours aide les personnes à "vivre". Cette animation de chaque jour passe à travers tous les gestes et toutes les paroles de tous les membres du personnel, elle peut même se réaliser d'abord par tout ce que les résidents font eux-mêmes.

Cette priorité donnée à l'animation de la vie quotidienne n'empêche pas d'organiser, ou de faciliter des activités de détente. Au contraire ! On s'en préoccupe alors d'une manière sans doute mieux ajustée à tous les besoins des résidents, favorisant le mouvement et le groupe, mais acceptant l'inaction et la solitude ; cherchant ce qui est utile aux résidents, mais peut-être d'abord ce qui peut leur faire plaisir ; sachant proposer et stimuler, mais surtout accueillant les initiatives ou les idées des résidents...

Chapitre 15

En fin de vie : un long accompagnement (1)

"Je la trouve abattue, en larmes...
Deux heures après, elle était tout épanouie..."

(Une aide ménagère)

Une personne âgée pense à sa mort, longtemps avant que celle-ci arrive, sauf exception. N'est-ce pas normal et bénéfique ? *"La mort, comme le soleil, ne peut se regarder longtemps en face"*, disait le sage La Rochefoucauld. Mieux vaut donc procéder par petites doses, mais sur une longue période. N'allons surtout pas parler d'obsession. Simplement, cela permet à la personne de se familiariser doucement avec la perspective de sa mort, qui est de toute façon inéluctable.

Il n'est donc pas étonnant que les personnes âgées parlent de la mort – de leur mort – ou l'évoquent. Ou du moins qu'elles cherchent à en parler. Car, autour d'elles, beaucoup n'ont pas envie de "parler de ça". On prétend même volontiers que c'est malsain pour elles (au lieu de reconnaître que c'est gênant pour nous). Et souvent, on les fait taire. Ainsi interdites de parole, trop de personnes âgées doivent affronter seules la fin de leur vie.

Pourtant, il est fréquent que la mort frappe à leur porte longtemps avant de les emporter. Un deuil qui les frappe, une maladie sérieuse qui les inquiète, un accident de santé qui les laisse diminuées : autant de "petites morts" qui leur annoncent la mort définitive. Dans de tels moments, elles peuvent avoir particulièrement besoin d'être entourées, écoutées, accompagnées.

---

(1) Ce chapitre, rédigé à partir du témoignage d'une aide ménagère, a fait l'objet de plusieurs séances de travail avec différents groupes en formation CAFAD (Certificat d'aptitude aux fonctions d'aide à domicile).

Une après-midi chez Marie

(témoignage de son aide ménagère)

Marie a 91 ans, elle vit seule dans sa maison, qui se situe à la sortie du bourg. Elle a un joli jardin tout en fleurs, qu'elle entretient elle-même avec bonheur.

Marie a de très bonnes relations avec ses deux filles, gendres, petits-enfants et arrière petits-enfants, ainsi qu'avec ses amis et ses voisins.

Chez Marie, j'interviens deux fois deux heures par mois pour y faire le gros ménage, comme elle dit, mais aussi de la pâtisserie ou des courses, tout cela, bien sûr, sous sa directive et avec son aide dans la mesure de ses possibilités.

Récemment j'arrive chez Marie, je m'aperçois très vite que quelque chose ne va pas.

D'habitude, elle est toujours avec un plan de travail, calme et sereine. Aujourd'hui, je la trouve dans son fauteuil, elle paraît fatiguée et, à ma vue, ses yeux larmoient.

J'engage la conversation avec précaution, ne sachant pas trop où je vais.

Marie m'explique qu'elle se sent fatiguée, qu'elle a chuté dans son jardin (chute sans gravité), mais que les courbatures sont douloureuses.

Après un petit silence, elle me dit que ce qui lui fait souci, c'est qu'elle était convaincue de finir ses jours chez l'une ou l'autre de ses filles, mais l'une vient de faire une congestion et l'autre est handicapée par de l'arthrose.

Pour elle, cette nouvelle situation est très angoissante.

Tout en commençant le ménage, pour détourner son angoisse, la déstresser, je lui parle de la maison de retraite de St-G..., située dans le bourg, et qui ouvrira ses portes en mai.

Marie n'a pas une image encourageante des maisons de retraite "en général".

Quand je lui parle du coin cuisine, où les personnes âgées pourront chauffer le petit café aux enfants, aux amis..., de la chambre individuelle, de la salle pour recevoir qui elles veulent, de la possibilité d'emporter quelques meubles suivant la place, les souvenirs, le linge marqué..., des services mis à la disposition des personnes âgées, du suivi médical par son docteur traitant, de la possibilité de faire son jardin et du retour dans sa maison, les jours où cela lui fera plaisir d'y faire un tour, Marie me dit être soulagée de ne pas avoir eu toutes les informations avant que je ne lui dise. Et elle projette de s'y faire inscrire avant que toutes les places soient prises...

Marie me dit alors de la suivre dans sa chambre, ayant besoin de mon avis.

Là sur son lit, est sortie une enveloppe de linge.

Marie sort deux chemises de nuit :
– une blanche avec dentelle,
– une blanche avec un semis de fleurs bleues et dentelle.

Elle me demande de choisir. Mon choix va vers celle au semis de fleurs bleues avec dentelle. Marie me dit qu'il est plus naturel de partir en chemise blanche. Je lui conseille de prendre aussi l'avis de ses filles.

Puis, me dit-elle, le drap devant servir de linceul n'est pas bien blanc.

Le soleil étant de notre partie, je lui propose de lui relaver le jour même et de lui repasser avant de partir.

Elle était tout épanouie.

Après le repassage, nous avons fait un bouquet de lavande, qui a été glissé dans le paquet départ tout propre et remis dans l'armoire.

Marie m'a fait voir aussi, près d'elle, sur sa table de nuit, un carton et un crayon : en cas de ne pouvoir parler au dernier moment, elle pourrait écrire un dernier au-revoir à ses filles.

Après un début d'après-midi délicat, quelle fin de journée apaisante et sereine où l'on se sent très enrichi.

Ce soir-là (et, en toute honnêteté, ce soir-là seulement sans doute), j'avais accepté ma mort en même temps que la sienne.

Ecouter

A vrai dire, avant d'écouter, pour pouvoir écouter, il faut d'abord savoir observer. Car Marie parle d'abord par son allure et ses comportements : assise, l'air fatiguée, en larmes. Autant de signes que quelque chose se passe, autant d'appels à échanger.

"J'engage la conversation avec précaution, ne sachant pas trop où je vais", dit l'aide ménagère. Aveu qui est peut-être la principale clé d'un échange réussi : reconnaître qu'on ne sait pas, et l'accepter, et s'engager quand même, mais avec toute la prudence qui s'impose. Beaucoup d'échanges tournent court parce que celui qui devrait écouter considère qu'il sait. En réalité, il croit savoir ce que l'autre voudrait dire, et il prétend savoir ce qui est utile et ce qui ne l'est pas dans ce que l'autre ressent.

Sentant qu'on est prêt à l'écouter, Marie commence à parler : elle est tombée dans le jardin, ce n'est pas grave, mais les courbatures sont douloureuses. Et là, elle s'arrête. Silence ! Hésite-t-elle avant de se lancer ? Veut-elle tester la puissance d'écoute de l'aide ménagère ?

Effectivement, si celle-ci avait alors dit à Marie : *"Mais il ne faut pas vous mettre dans des états pareils ! Je vais vous faire un bon café, vous allez voir que ça va aller mieux !"*, l'histoire se serait arrêtée là. Mais non ! l'aide ménagère a su respecter ce "petit silence".

Et Marie reprend la parole. Comprenant qu'elle peut aller plus loin, elle commence d'expliquer comment sa chute bénigne bouleverse la façon dont elle peut envisager "la fin de ses jours"... et qui pouvait se douter que cela allait jusque là ? Le seul fait d'avoir chuté lui a manifesté une baisse physique : elle se dit qu'elle ne va plus pouvoir rester seule chez elle. Or aucune de ses deux filles ne peut l'accueillir.

L'aide ménagère, qui la connaît, devine tout le non-dit : Marie ne voit qu'une issue, la maison de retraite ; or elle a une image très noire des maisons de retraite en général. Situation très angoissante ! Alors, l'aide ménagère se met à lui parler d'une maison de retraite qui va ouvrir bientôt dans une localité voisine. Langage simplement informatif : elle n'incite pas Marie à y aller, mais elle lui signale des aspects positifs que Marie semble ignorer. Effectivement, ainsi éclairée, Marie dit son projet de s'inscrire sans tarder pour avoir une place dans cet établissement.

A partir de là, Marie va entraîner l'aide ménagère beaucoup plus loin dans tout ce qui concerne la fin de sa vie. Pour cela, elle l'entraîne dans sa chambre et l'interroge ou l'informe sur des objets symboliques : chemise de nuit, linceul, carton et crayon. Et l'aide ménagère répond par un autre objet symbolique : le bouquet de lavande (pourquoi la mort serait-elle nécessairement repoussante ?).

Ecouter... en fin de vie

- *"Quoi dire à une personne en fin de vie ? Quoi répondre à une personne âgée qui parle de sa mort ?"* Telles sont souvent les premières questions qu'on se pose. L'histoire de Marie montre bien qu'il est plus pertinent de se demander : *"Comment écouter"* Ou plutôt : *"Comment me mettre en attitude d'accueil et d'écoute ?"* Passer de "quoi dire ?" à "comment écouter ?" : passage fondamental.
- Importance du langage non verbal : attitudes, comportements, visage, larmes..., disent autant, et parfois plus, que bien des mots.
- Importance du silence : non le silence vide et gênant de qui n'a rien à dire, mais le silence d'attente, de celui qui se demande si vous allez pouvoir "porter" ce qu'il voudrait vous confier, ou silence plein de celui qui ne sait pas comment mettre en mots tout le poids de vie qu'il a à partager.
- Importance du langage symbolique, qui permet de parler de la mort tout en évitant le mot : mots plus ou moins évocateurs (partir, grand voyage, départ...), objets symboliques (chemise de nuit, linceul...).
- Interroger le moins possible, et se méfier de notre tendance spontanée à rassurer ou stimuler trop vite(1) .

Accompagner

En une après-midi, Marie a fait beaucoup de chemin : "en larmes" et "angoissée" parce qu'elle vient de découvrir qu'elle ne pourra pas finir sa vie comme elle l'avait prévu, elle est "soulagée" quand elle découvre que la vie en maison de retraite peut se passer dans des conditions favorables. Elle est même "tout épanouie" parce qu'elle a pu parler de sa mort et montrer que tout est prévu : ainsi sont satisfaits, non seulement ses besoins de sécurité, mais aussi ses besoins de communication, d'autonomie, d'accomplissement.

Cela ne veut certes pas dire que Marie soit désormais établie pour toujours dans l'acceptation et la sérénité. Que survienne un autre accident de santé ou quelque autre difficulté, il est possible qu'elle connaisse à nouveau des moments d'abattement, d'angoisse, de solitude. Elle aura, de nouveau, besoin d'aide. Il reste qu'elle vient de franchir un cap décisif.

---

(1) Voir par exemple Jeanine Pillot, revue **Jalmalv**, n°37, juin 1994.

Et son aide ménagère y est pour beaucoup ! Elle a permis à Marie d'exprimer (en mots et en larmes) sa tristesse et son angoisse, et on sait que c'est l'expression qui est libératrice. Elle a apporté à Marie des informations qui lui ont permis d'envisager positivement l'éventualité d'entrer en maison de retraite. Elle a fait bon accueil à tout ce que Marie lui montrait en rapport avec la perspective de sa mort.

Ce comportement de l'aide ménagère mérite vraiment le nom d'"accompagnement". Car, tout au long de l'après-midi, elle a laissé Marie conduire la rencontre, et elle l'a suivie partout et en tout :

- en arrivant, quand l'air abattu de Marie lui manifeste qu'il s'est passé quelque chose de grave, elle engage la conversation d'une manière telle que Marie se sent autorisée à expliquer ce qui lui arrive.
- lorsque, après avoir commencé ses confidences, Marie laisse s'installer "un petit silence", l'aide ménagère respecte ce silence, ce qui permet à Marie de reprendre la parole, gardant ainsi la maîtrise des événements (alors que, si l'aide ménagère avait parlé, elle prenait le pouvoir).
- et quand Marie lui demande de "la suivre dans sa chambre", elle la suit en effet, dans sa chambre, donc dans son intimité et, par là, bien plus avant dans ses confidences.

Aider en accompagnant

(Marie de Hennezel et Johanne de Montigny [(1)]) :

"Accompagner, ce n'est pas réagir, c'est s'ajuster... L'accompagnement est un art... Il faut constamment composer avec l'imprévu..."

(Jeanine Pillot [(2)]) :

"Aider, ce n'est
- *ni se mettre en avant,*
- *ni se mettre au-dessus,*
- *ni prendre en charge,*
- *ni se rassurer à travers ce rôle,*
- *ni proposer de solutions, les nôtres.*

C'est
- *accompagner, c'est-à-dire être avec,*
- *prendre par la main, mais c'est l'autre qui nous dicte la route à suivre ; à travers ce que nous pouvons entendre de lui, ce que nous lui permettons d'exprimer, il émerge et s'éclaire lui-même vers ses solutions".*

(Une infirmière en gériatrie) :

"Notre place : être à côté, mais un peu en arrière".

---

(1) Dans **L'amour ultime**, Le Livre de poche n°8842, 1991, pp. 36 et 63.

(2) Dans **Jalmalv**, n°37, juin 1994.

Un tel accompagnement peut produire, chez l'accompagnant lui-même, des résultats inattendus. En se centrant tout entière sur Marie, l'aide ménagère va y trouver son compte. En se mettant tout entière au service du cheminement de Marie, l'aide ménagère va elle-même faire du chemin. Elle a confié par ailleurs qu'elle est habituellement très angoissée par la mort, en particulier parce que son mari est cardiaque. Elle se demande comment elle a pu, ce jour-là, accompagner Marie. Mais elle constate qu'elle en est sortie apaisée : *"Ce soir-là, j'avais accepté ma mort"*, dit-elle. Honnêtement, elle précise : *"ce soir-là seulement, sans doute"*. Et il est bien vrai qu'elle a retrouvé, depuis, son angoisse... mais celle-ci est à jamais marquée par la trouée de lumière et d'espoir vécue, cet après-midi là, avec Marie et grâce à elle.

Et la famille ?

Que Marie ait pu à ce point se confier à son aide ménagère, et que celle-ci ait pu à ce point l'aider à envisager autrement la fin de sa vie, pourrait donner à penser que la famille de Marie lui a fait défaut. Il arrive que les professionnels – aussi bien en établissement qu'à domicile – voyant tout ce que les personnes attendent d'eux, accusent les familles d'être absentes ou dénoncent leurs carences. Certains de ces professionnels se perçoivent alors comme des substituts des familles défaillantes (*"C'est nous qui sommes la vraie famille de cette personne"*) et trouvent là une gratification. D'autres dénoncent les carences de l'entourage (*"C'est quand même pas nous leur famille !"*). Ces deux attitudes sont dangereuses. Et surtout largement illusoires.

Qu'il y ait parfois des carences, du côté des familles, sans doute. Mais n'y a-t-il pas d'abord des difficultés pour lesquelles les familles elles-mêmes ont besoin d'aide, et des limites en fonction desquelles les familles ont besoin de complément ?

Marie, nous dit-on, a "de très bonnes relations" avec sa famille. Et rien ne permet d'en douter. L'aide ménagère n'a donc pas du tout à remplacer la famille, comme si ses filles n'existaient pas.

Marie ⇄ l'aide ménagère
~~ses filles~~

Elle ne se situe même pas en intermédiaire (ou médiateur) entre Marie et ses filles, ni dans un sens (dire aux filles ce qu'elle a perçu chez Marie), ni dans l'autre (dire à Marie ce qu'auraient dit ses filles).

Marie ⇄ l'aide ménagère ⇄ ses filles

Elle est plutôt partenaire dans une configuration triangulaire.

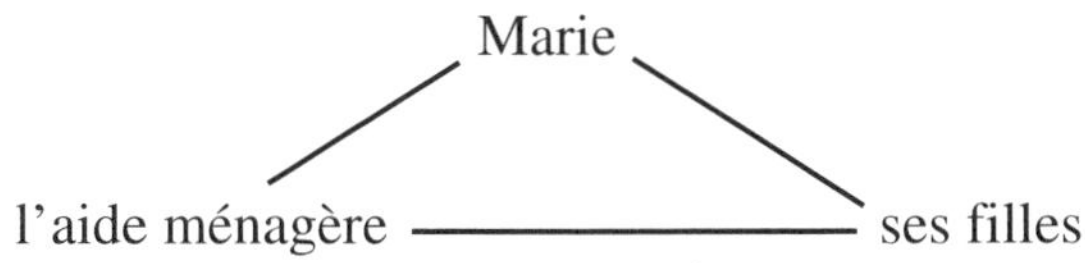

Avec la double particularité de n'être pas une fille de Marie mais une professionnelle, ni une étrangère mais une familière.

Alors Marie peut lui dire combien elle est angoissée de se rendre compte que l'arthrose d'une de ses filles et la congestion de l'autre la condamnent à la maison de retraite. Elle a absolument besoin de dire cela. Mais elle ne peut pas le dire à ses filles : ce serait les culpabiliser d'une façon insupportable. L'aide ménagère (ou tout autre intervenant) doit pouvoir écouter cela, et l'accueillir.

En retour, l'aide ménagère (ou autre intervenant qui ait la confiance) peut informer Marie des côtés positifs d'une maison de retraite : Marie accueille cela très positivement. Et pourquoi se dit-elle "soulagée" d'entendre cela de son aide ménagère ? Supposons que ses filles lui aient dit la même chose, quelle souffrance pour elles et pour Marie, qui les aurait suspectées de vouloir se débarrasser d'elle !

Enfin, quand Marie demande à l'aide ménagère de choisir entre les deux chemises de nuit, celle-ci lui "conseille" de prendre aussi l'avis de ses filles. Bien au-delà du débat sur la couleur des chemises de nuit, l'aide ménagère invite ainsi Marie à parler avec ses filles de tout ce qu'elle est en train de vivre par rapport à la fin de sa vie.

On voit à quel point Marie – ou toute autre personne plus ou moins proche de la fin de sa vie – peut avoir besoin, non seulement de sa famille, mais aussi de professionnels qui sachent se situer en partenaires, tant de la personne que de la famille.

En bref...

Ce n'est pas seulement au moment de la mort que les gens ont besoin de présence et d'accompagnement, mais à divers moments de crise qu'ils peuvent vivre dans leurs dernières années : chacun de ces gros "coups durs", c'est déjà un peu la mort qui frappe à leur porte.

Voilà pourquoi une personne âgée peut avoir besoin de parler de sa mort longtemps avant d'y être arrivée. A nous de le savoir, et de nous y préparer, pour l'écouter comme il convient. Nous n'avons sans doute pas à prendre l'initiative, mais à nous laisser guider par la personne.

Là aussi, professionnels et familles sont tous utiles, chacun à sa place, dans la complémentarité.

Chapitre 16

Soins palliatifs et accompagnement (1)

"Tout ce qu'on peut faire,
quand la mort est inévitable..."
(Un médecin)

Dans notre société, la mort est généralement refusée. Parce qu'elle est vue comme un non-sens : beaucoup passent leur vie à chercher à avoir et jouir, et la mort est l'opposé. Ou comme un échec, comme s'il était possible d'éviter de mourir !

Ces incompréhensions ou refus de la mort conduisent à trois impasses : l'euthanasie (tuer la personne), l'acharnement thérapeutique (réanimer sans discernement ni mesure), l'abandon (laisser la personne vivre sa fin de vie dans l'isolement).

Les soins palliatifs sont une réaction à ce refus de la mort et à ces trois impasses (2). La réaction a commencé en Angleterre, vers 1960, avec ce qu'on appelle "le mouvement des hospices" (ce mot n'a pas du tout le même sens que chez nous) ! Ce mouvement est passé au Canada vers 1975. Il a pris forme en France, avec la circulaire Barzach (3) qui prônait les Unités de soins palliatifs, en leur fixant trois buts : aide aux malades et à leurs familles, recherche, enseignement.

Les soins palliatifs, c'est tout ce qu'on peut faire, lorsque le mal s'avère incurable, pour assurer le bien-être des personnes en fin de vie et de leurs familles.

Le concept de soins palliatifs s'appuie sur trois piliers : une conviction philosophique : **la mort fait partie de la vie**. Ensuite une dimension éthique : **le respect inconditionnel de la personne**, considérée dans sa globalité. Et, bien sûr, une pratique : soins de confort physique, et soutien psychologique qui passe par **l'écoute du malade**. A quoi il faut ajouter une grande communication entre tous les intervenants.

---

(1) Ce chapitre, pour l'essentiel, reprend de façon synthétique plusieurs exposés du Docteur Hubert Tesson, diplômé de soins palliatifs, au service Oncologie du CHD de La Roche-sur-Yon.

(2) Voir par exemple **Manuel de soins palliatifs**, Privat, 1994.

(3) Circulaire DGS du 26 août 1986, **Soigner et accompagner jusqu'au bout**, Bulletin Officiel n°86-32 bis.

Les besoins des personnes en fin de vie

Une personne en fin de vie est vivante !

Il faut toujours partir des besoins de la personne.

Les personnes en fin de vie ont les mêmes besoins fondamentaux que tout être humain, mais avec des particularités liées au fait qu'elles sont en fin de vie. Donc, pour répondre à leurs besoins, il faut tenir compte de leur état et de leur avenir. Pour cela, on peut s'aider de la pyramide des besoins, selon Maslow(1).

Besoins physiologiques

• Sommeil

Fondamental, d'autant plus qu'une personne fatiguée passe parfois de mauvaises nuits et se rendort au petit matin. Donc, à nous d'être à l'affût de tous les problèmes possibles autour de leur sommeil. En particulier, éviter de les déranger trop tôt le matin.

• Manger et boire

Contrairement à ce qui se fait trop souvent, ne pas les forcer à manger, car les personnes en fin de vie ont souvent peu d'appétit. Sans doute, les personnes âgées peuvent avoir besoin d'être stimulées. Mais, quand on veut forcer à manger une personne en fin de vie, n'est-ce pas dans l'espoir (illusoire et déplacé) d'empêcher la mort pourtant inéluctable ? Par ailleurs, renoncer à "gaver" suppose sans doute toute une préparation, pour que ce soit le plus possible la personne elle-même qui puisse décider si elle le veut ou non (2). Accepter que disparaisse le besoin de manger ou de boire, ça fait partie de l'acceptation de la mort. En fin de vie, on peut élargir ou assouplir les régimes suivant avis du médecin. Par contre, soigner la présentation : plats appétissants.

De même, ne pas être obsédés par les problèmes d'hydratation : un malade qui est vraiment en fin de vie a souvent moins de douleurs et moins de râles s'il est un peu déshydraté.

Par contre, la personne en fin de vie ressent souvent une sensation de sécheresse dans la bouche. Donc, il est important de nettoyer la bouche (Extryl) et de l'humidifier (par exemple avec un brumisateur). Ces soins de bouche, essentiels, sont un geste simple, facile à apprendre aux proches, et qui leur permet de se sentir utiles.

---

(1) Voir chapitre 4 sur les besoins.

(2) Voir par exemple Docteur Buronfosse, "La sonde de gavage est-elle justifiée en gériatrie ?", **Jalmalv** n°30, septembre 1992, pp. 14-17.

• **Eliminer** (selles et urines)

La constipation est angoissante pour la personne et peut comporter des dangers : avertir le médecin pour éventuellement enlever les fécalomes (1). D'autant plus important que nombre de médicaments de la fin de vie peuvent constiper.

• **Hygiène**

Le nursing est sûrement important pour le bien-être de la personne et pour éviter les escarres, mais surtout la toilette peut être un grand moment de relation. Et la présentation de la personne (coiffure...) facilite les relations.

• **Mobilité**

Permettre aux gens de bouger, le plus possible, en les y aidant, au besoin en faisant appel au kiné. Même en fin de vie, le mouvement fait du bien. Et le rôle du kiné n'est pas seulement de permettre à des personnes de "récupérer", mais aussi de les aider à vivre dans les meilleures conditions possibles leur fin de vie. Et la personne qui ne peut pas bouger ? Si elle est bien dans son lit, pourquoi vouloir à tout prix la lever ? Sans doute, il ne faut pas accepter trop tôt de laisser au lit une personne âgée, car c'est irrémédiable. Mais quand vraiment elle ne peut plus bouger, pousser à tout prix à la mettre au fauteuil, cela favorise-t-il sa qualité de vie ? A nous, avec la famille, d'être attentifs avant tout à son confort : qu'elle puisse vivre en paix la fin de sa vie.

• **Respirer**

Veiller d'abord à assurer au malade une position qui favorise la respiration. Avoir une chambre bien dégagée. Le traitement de la dyspnée(1), en fin de vie, n'est pas obligatoirement l'oxygène. La morphine (administrée par la bouche ou en sous-cutanée) à petite dose calme la sensation d'étouffement.

• **Etre touché physiquement**

Le contact de la peau semble aussi important en fin de vie qu'au début de la vie (bébé). Toucher, caresser, bisous. Si le malade a les mains sur les draps, ça facilite le toucher de la part de l'entourage. Donc éviter de mettre les draps par-dessus ses bras et remontés jusqu'au cou.

---

(1) Fécalome : énorme accumulation de matières ; cela ressemble à une tumeur intestinale.

(2) Dyspnée : difficulté à respirer.

• **Ne pas souffrir**

On peut calmer 95 % des douleurs, même intenses, y compris à domicile : il faut le savoir, le dire au malade... et le réclamer auprès du médecin.

Si on donne de la morphine, ce n'est pas parce que le mal est mortel, ni même grave. Mais parce que la douleur est forte !

Selon l'OMS*, trois degrés dans la douleur, et donc trois degrés d'intervention

Douleur légère

- acétyl-salicytiques (aspirine, aspégic)
- ou paracétamol (daffalgan)

Douleur modérée = qui oblige à cesser l'activité

- Di-antalvic
- Codéine
- Temgésic

Douleur sévère = qui oblige à rester au lit

Morphine

* ***Organisation mondiale de la santé***

La morphine est une substance que notre organisme (le cerveau) sécrète dès lors que nous ressentons une douleur. Lorsque la douleur est trop intense, l'organisme ne peut apporter suffisamment de morphine et le rôle du médecin est alors de combler cette insuffisance par un apport de morphine sous forme de gélules ou de sirop de morphine.

Dans le traitement de la douleur par la morphine, il n'y a pas de dose maximale théorique. On sait, depuis quelques années, qu'on peut en prendre à haute dose, et pendant des mois, sans inconvénients. Contrairement aux vieilles idées, la morphine (dans le traitement de la douleur) n'entraîne ni accoutumance, ni dépendance. On n'est pas obligé d'augmenter sans cesse les doses, et on peut arrêter la morphine si la cause de la douleur est elle-même traitée efficacement.

La seule nécessité, c'est d'adapter le niveau du traitement aux besoins de chaque patient. La dose appropriée, c'est celle qui empêche de souffrir, sans entraîner pour autant de somnolence. Un médecin habitué, et assez présent, peut trouver le dosage convenable en très peu de temps. A domicile, le médecin qui commence un traitement de morphine doit passer au plus tard le lendemain, pour évaluer l'efficacité et la tolérance du traitement. “Prévenir la douleur”, c'est-à-dire empêcher la douleur de réapparaître au lieu d'attendre que la personne ait mal à nouveau, est un principe fondamental en soins palliatifs. C'est pourquoi les prises doivent être très régulières, en fonction de la durée d'action du traitement. La forme la plus courante aujourd'hui, ce sont les comprimés de Skenan ou de Moscontin, à prendre toutes les 12 heures.

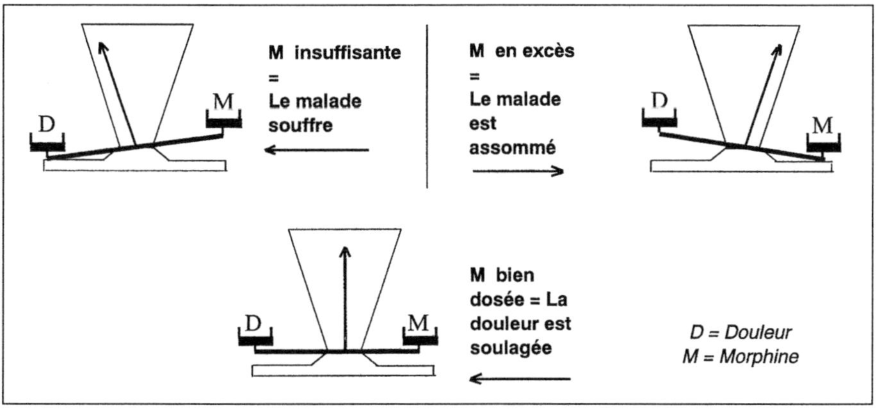

Les effets secondaires de la morphine (constipation en particulier) sont relativement faciles à combattre et donnent lieu à un traitement systématique.

L'entourage (famille et soignants) doit donc veiller à ce que la personne ne souffre pas. Or la douleur est souvent mal prise en compte (*"Elle se plaint mais vous croyez qu'elle souffre vraiment ?"*) et les médecins (sauf exceptions) sont peu formés au traitement de la douleur et aux soins palliatifs. Il faut donc savoir insister auprès d'eux, au besoin en notant toutes les manifestations de la douleur, et même dire : *"J'ai lu qu'il est possible de faire disparaître la douleur. Pourquoi vous ne le faites pas ?"*

Quant aux signes de surdosage en morphine, ils sont faciles à repérer : le patient somnole, ou il voit des hallucinations, ou il respire très lentement.

• Avoir des plaisirs

Parfois, en fin de vie, des demandes étonnantes (manger des huîtres, boire du Bordeaux...).

N.B. – Tous ces besoins physiologiques sont fondamentaux. Ils doivent être satisfaits en priorité, pour le bien-être du malade, et pour la paix de l'entourage et des soignants.

Besoins de sécurité

Besoin de se sentir pris en charge, rassuré par la compétence des soignants : les gens sécurisés appellent beaucoup moins ! En particulier, qu'ils sachent qu'on a les moyens de les empêcher de souffrir. Inversement, la personne non sécurisée va avoir plus de douleurs. Le sentiment de sécurité est variable selon les personnes : l'une se sentira plus sécurisée chez elle, une autre à l'hôpital...

Le besoin de sécurité renvoie à ce qu'on appelle (à tort ou à raison) *"le problème de la vérité"*.

> *"Faut-il dire la vérité ? Faut-il ne pas la dire ?"* Je n'aime pas cette question.
>
> Je préfère : *"Il faut écouter le patient"*. En forme de question : *"Lui, le malade, de quoi a-t-il besoin ? Que me dit-il ?"*
>
> Qu'est-ce qu'il sait ? ou veut savoir ? Quand je reçois un malade, je lui demande ce qu'il sait de sa maladie, ce qu'il en pense, etc.
>
> La vérité médicale est très relative. Par exemple, le pronostic que je peux faire n'a qu'une vérité statistique (je sais qu'en moyenne telle maladie correspond à une espérance de vie de tant de mois) mais aucune certitude pour tel malade.
>
> Généralement, les malades savent beaucoup plus de choses qu'on croit. Ils ne disent pas toujours ce qu'ils savent, pour diverses raisons. Mon souci : leur redonner la parole pour les aider à mûrir à leur vérité et pouvoir en parler quand ils se sentent prêts, tel un accouchement. Pour cela, je me mets en position d'écoute, par exemple, en m'asseyant près du malade et en relevant sa tête de lit. Puis je lui renvoie le plus possible la parole, en proposant des reformulations (parce que ce que je comprends n'est pas forcément ce que l'autre a voulu dire). Le silence peut faire peur, mais il est nécessaire pour que l'autre puisse se chercher.
>
> Dans une telle dynamique, la question de dire ou non "la vérité" ne se pose plus. Ce qu'il faut refuser, c'est le mensonge.
>
> *Docteur Buronfosse, CHR de Nantes*

Quand quelqu'un a peur de la mort (c'est normal !), on peut lui demander ce qui lui fait peur (par exemple, pour lui assurer qu'il ne souffrira pas).

Il arrive que des personnes, physiquement épuisées, n'en finissent pas de mourir, parce que quelque chose les tracasse, les inquiète, en particulier par rapport à ceux qu'elles laissent. Si elles peuvent être rassurées, cela peut les aider à partir.

Pronostic et "possibilité" de mourir

Pour qu'une personne puisse mourir, c'est un peu comme pour qu'un ballon gonflable arrive à s'envoler :

1 – Il faut que le ballon soit suffisamment gonflé, ce qui peut prendre un temps variable suivant l'intensité du souffle. De le même manière, pour que la personne soit apte au départ, il faut une évolution (maladie, épuisement...).

2 – Il faut larguer les amarres (à partir du bas). Or, il y a souvent des gens de l'entourage qui s'accrochent (exemple : *"Soigne-toi bien, ma petite maman... et à demain !"*). Tous les liens tissés (famille, soignants) rattachent à la personne... et peuvent l'empêcher de partir. *"Chercher la fille !"* car souvent c'est une fille qui ne peut pas se passer du parent en partance.

3 – Lâcher du lest (à partir du ballon) = défaire un attachement qui, du coup, est du côté de la personne en partance : *"J'attends une naissance ou un mariage, le retour d'un enfant, une réconciliation..."* La libération peut donc venir d'un geste, d'une parole, de larmes...

Docteur Buronfosse, CHR de Nantes

Besoins psycho-affectifs

... C'est-à-dire le besoin d'être aimé, et de pouvoir aimer. Tout le monde en a besoin. A plus forte raison la personne en fin de vie. Et ça passe à travers tout.

A nous de respecter la personne en acceptant de l'écouter, sans la rassurer trop vite (chose que nous faisons facilement pour calmer nos propres angoisses) : qu'elle puisse sortir tout ce qu'elle veut dire[1].

Lui manifester notre tendresse : un nursing affectif (même les professionnels, qui n'y ont pas été préparés). Pour pouvoir aimer, la personne en fin de vie a besoin de se sentir aimée.

(1) Voir par exemple l'article stimulant de Jeanine Pillot, "L'écoute", dans **Jalmalv** n°37, juin 1994, pp. 4 à 27.

Pour écouter, il faut savoir se reconnaître pauvre devant les propos de l'autre, sans forcément vouloir trouver des solutions aux problèmes du malade, mais en lui manifestant que nous comprenons ce qu'il nous exprime.

Médecins et infirmières ont beaucoup de moyens (examens, traitement...) pour fuir l'écoute. Agents et aides-soignants sont plus pauvres en moyens, mais cela fait leur richesse par rapport à l'écoute.

Chaque sentiment ou émotion peut connaître le parcours suivant :

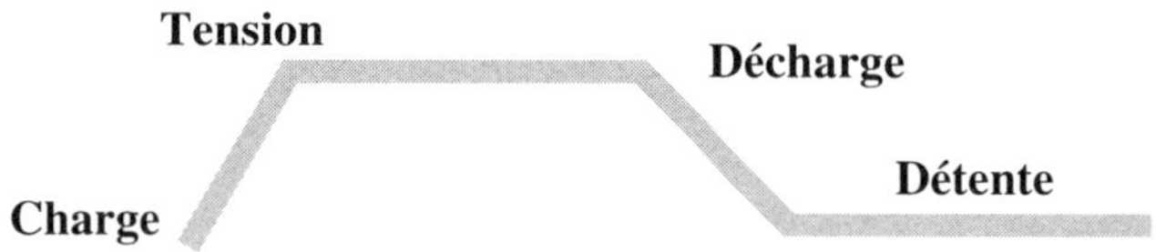

C'est la détente qui permet à une personne de passer d'un sentiment (exemple : colère) à un autre (exemple : tristesse). Pour se libérer de la tension de chaque émotion, le malade a besoin de passer par une décharge... Un de nos rôles est de favoriser cette décharge, en permettant l'expression (par exemple, permettre au malade de pleurer), ce qui est souvent peu perçu ou peu accepté dans notre société et dans les milieux soignants.

La personne a plus besoin de notre écoute que de nos paroles. Car c'est seulement en parlant, en s'exprimant qu'elle peut se libérer. Mais, pour pouvoir parler, il faut qu'elle soit écoutée.

Ne projeter sur elle ni notre propre peur de la mort, ni notre idée de la mort idéale.

Besoins d'estime de soi

D'abord **ne pas se sentir jugé mais, au contraire, se sentir aimé**... ce qui est parfois difficile pour des patients très marqués par l'alcoolisme ou telle autre maladie, ou bien défigurés par les traitements. En dialoguant à temps, on peut éviter des trachéos, des gavages qui peuvent diminuer chez le malade son sentiment de valeur personnelle.

Que la personne puisse, le plus possible, décider de ce qui la concerne : qu'elle reste le pilote de sa vie ! Par exemple, accepter (ou refuser) telle intervention, tel examen, etc.

Que fait-on pour que les personnes âgées gardent une vraie estime d'elles-mêmes ? Par exemple dans la façon dont on les appelle, dont on les traite...

> *"Une nuit, j'ai veillé un mourant pendant un long moment. Je me disais que, même s'il était muet, et apparemment inconscient, il pouvait m'entendre. Ma manière d'être était donc importante. Et aussi ma manière de toucher, en prenant mon temps. A un moment, il a eu un sourire, très beau..."*
>
> *(Une infirmière)*

Besoins de croissance

Besoin de faire des projets... même quelqu'un qui sent sa mort proche a besoin, au moins par moments, de projeter des choses qui le passionnent ; ces projets peuvent parfois paraître fous, mais ils sont nécessaires : ils manifestent des désirs, signe que la personne est toujours vivante !

Besoin de créer, donner et partager : donner quelque chose (en particulier un objet symbolique), faire son testament. Que la personne ne soit pas condamnée à simplement recevoir.

Besoin de se sentir utile... ne serait-ce que donner son corps à la science (même si ce corps est devenu une épave !).

Même la maladie peut être encore une occasion de croissance : dans la dernière étape de sa vie, on peut grandir, en vivant des choses nouvelles (par exemple, une femme très dure pour elle-même peut apprendre à se laisser aimer par ses enfants).

Besoins esthétiques

Besoin de ce qui est beau (ex. : fleurs, coiffure), bon, vrai (ex. : *"J'en ai marre de tous ces mensonges"*).

Utilité d'un environnement matériel agréable : partir avec *"les plus belles images, les plus belles musiques"*, dit une mourante.

Besoins spirituels

C'est-à-dire tout ce qui tourne autour du **sens de la vie (et de la mort)...** pas nécessairement religieux(1).

Il peut y avoir, à ce niveau, des souffrances, et même des angoisses, très grandes si on a le sentiment de ne pas avoir donné un sens à sa vie. Il peut y avoir aussi des espoirs, des satisfactions formidables, parfois difficilement, parfois tardivement.

---

(1) Voir par exemple Jean Vimort, **Ensemble, face à la mort**, Le Centurion, 1987 ; **Jalmalv** n°22, septembre 1990 ; **Gérontologie** n°72, octobre 1989.

Un grand besoin : **se réconcilier avec ses proches**... Important pour celui qui meurt, et pour ceux qui restent (éviter le sentiment de culpabilité qui peut entraîner un deuil pathologique). Les professionnels peuvent parfois beaucoup favoriser la communication et la réconciliation.

Besoin de silence : les gens en fin de vie ont souvent **besoin de silence**, peut-être pour se retrouver avec eux-mêmes.

Besoins religieux : recevoir des sacrements, prier... Souvent, les gens n'osent pas le demander, et on n'ose pas leur proposer. Pourtant, ce peut être, pour eux, un besoin profond. Et il peut être très important, pour la paix de la personne, de lui rendre possibles ces gestes qui sont un rituel social.

Les soins et l'accompagnement

(selon le ministère de la Santé)

Les soins d'accompagnement visent à répondre aux besoins spécifiques des personnes parvenues au terme de leur existence.

Ils comprennent un ensemble de techniques de prévention et de lutte contre la douleur, de prise en charge psychologique du malade et de sa famille, de prise en considération de leurs problèmes individuels, sociaux et spirituels.

L'accompagnement des mourants suppose donc une attitude d'écoute, de disponibilité, une mission menée en commun par toute l'équipe intervenant auprès du malade.

Il s'agit d'apaiser les douleurs et l'angoisse, d'apporter le plus possible de confort et de réconfort à celui qui va mourir, d'accueillir et d'entourer sa famille pendant cette période difficile et même plus tard dans son deuil.

Le problème du soulagement de la douleur est central dans la démarche d'accompagnement.

En effet, toute demande relative à la douleur par un patient ou son entourage dépasse généralement le cadre du désordre physique et appelle une réponse qui prenne en compte la douleur dans son contexte et ses conséquences, c'est-à-dire dans sa dimension de souffrance. Pour cela il est important de comprendre que toute douleur s'inscrit dans une relation, que tout en étant une perception désagréable du corps, elle peut être aussi un message vers les autres.

Les progrès de la médecine en matière de lutte contre la douleur sont porteurs d'espoir car les traitements mis au point non seulement viennent soulager la douleur mais agissent efficacement en empêchant l'apparition de celle-ci.

Des centres spécialisés, par exemple les consultations et les centres de la douleur ou les centres de lutte contre le cancer, sont pour les praticiens hospitaliers et de ville, des moyens privilégiés qui contribuent à la prise en charge des patients présentant des phénomènes douloureux difficiles à résoudre et constituent une aide aux médecins pour mieux s'occuper de leurs malades.

La mission des soignants est de mettre en œuvre tous les moyens existants pour soigner et accompagner leurs malades jusqu'à la fin de leur vie.

Par cette attitude d'écoute et de relation, les soignants, et tout particulièrement les médecins, doivent permettre aux malades d'exprimer leurs sentiments et leurs demandes quelles qu'elles soient, y compris concernant leur propre mort.

D'une manière générale, il est indispensable, autant que faire se peut, de ne pas changer le cadre dans lequel la personne a été soignée : les soins palliatifs doivent être dispensés aussi bien à domicile que dans les établissements sanitaires et sociaux.

Circulaire DGS/3D du 26 août 1986
relative à l'organisation des soins
et à l'accompagnement des malades en phase terminale

En bref...

Celui qu'on dit "mourant" est en réalité un vivant : jusqu'au bout, il a des besoins qui demandent à être satisfaits.

En particulier, le besoin de ne pas souffrir (physiquement), et on peut aujourd'hui empêcher la douleur (dans 95 % des cas).

Egalement le besoin de relations vraies et chaleureuses, et celui d'être traité en personne humaine libre et responsable.

La réponse à ces besoins – et aux autres – ne peut pas se faire sans une participation loyale de tout l'entourage familial et professionnel.

Chapitre 17

Pour mieux accompagner

A domicile[1]

Une personne en fin de vie n'est pas déjà morte. Ne parlons pas d'elle uniquement au passé (*"Rappelez-vous lorsqu'elle était en bonne santé !"*) comme si elle n'avait plus d'avenir, et peut-être même pas de présent.

Jusqu'à l'instant de la mort, la personne est vivante, c'est-à-dire capable de sensations et de sentiments, de désirs et même de projets. Et nous pouvons vivre avec elle beaucoup de relations et d'actions.

Que les besoins de la personne soient satisfaits

Les services de soins sont sollicités pour répondre à des besoins physiologiques : toilette, lever, etc. Mais, alors que notre formation initiale nous a beaucoup poussées vers l'aspect technique, nous prenons conscience que les besoins psychologiques sont au moins aussi importants.

Nous savons, maintenant, que les médecins peuvent faire disparaître la douleur. Or nous voyons encore trop souvent des personnes qui souffrent. C'est pourquoi, dans nos transmissions, nous avons à bien insister sur la douleur, en étant très précises. Nous pouvons signaler la douleur à l'infirmière, qui elle-même peut (doit ?) faire une démarche auprès du médecin. Egalement, nous avons à informer les familles qu'il y a des moyens d'empêcher la douleur, et inciter les familles à en parler au médecin.

Notre travail fait une grande place au contact physique. Cela n'est pas toujours facile, pour diverses raisons. Et pourtant, le toucher est très important, surtout s'il ne se limite pas à un contact physique, s'il est vraiment porteur d'une relation.

> Pour soigner, et peut-être surtout pour calmer la douleur, notre toucher compte beaucoup. Or, à l'hôpital, c'était mal vu, il fallait se tenir à distance. Heureusement, on en revient ! L'infirmière n'est pas qu'une technicienne armée d'une seringue. La relation de soins est aussi une relation de personne à personne. Et toucher quelqu'un c'est le considérer comme une personne.
>
> *(Une infirmière)*

---

(1) Les pages qui suivent ont été élaborées, au terme de six journées de "formation à l'accompagnement" par deux groupes d'aides-soignantes en services de soins à domicile.

Répondre au besoin de sécurité de la personne, cela peut consister à mettre en évidence un réveil et un calendrier pour que la personne puisse elle-même repérer l'heure et le jour, et aussi lui dire – si elle le souhaite – quel jour on est, etc.

Surtout, il s'agit **d'établir avec elle une relation vraie**, avec ce que nous savons et ce que nous ignorons.

> Une personne qui demande à une aide-soignante *"Est-ce que j'ai le cancer ?"* n'attend pas d'elle une réponse de médecin, mais veut peut-être lui faire entendre : *"Ce que j'ai est sérieux, je me sens seule, ou j'ai peur de mourir seule. Voulez-vous rester un peu et me tenir compagnie ?"* Alors, arrêter l'activité, et répondre au malade par une autre question, par exemple : *"Vous ne vous sentez pas bien ?"* ou : *"Vous voulez qu'on cause un peu ?"* Et alors, la personne va vous parler, souvent moins de sa maladie, que de sa vie, sa famille, ses soucis...
>
> *(Un médecin)*

Avant tout : écouter !

Si la personne âgée nous dit : *"Aujourd'hui, j'en ai marre : je voudrais partir !"*, souvent notre réponse spontanée est : *"Vous allez voir que ça va aller mieux !"*, ou même : *"Il faut se battre !"*

La formation nous a fait comprendre que, dans ces cas-là, le dialogue est rompu. La personne aurait peut-être souhaité aller plus loin ; nous l'en avons empêchée parce que nous ne suivons pas le même chemin qu'elle.

Au fond, nous avons pris conscience que les personnes âgées ont besoin d'être écoutées !

> ### Difficulté d'écouter
>
> M. H est de plus en plus agacé du souci que nous prenons de lui, sa femme et moi.
>
> Ce matin, il me dit clairement : *"Je ne veux plus vous voir, laissez-moi mourir !"*
>
> Sa femme répond : *"Ah non ! on ne te laissera certainement pas mourir. On fera tout pour te guérir !"*
>
> Lui : *"Mais je sais que je suis au bout !"*
>
> Elle : *"Mais non ! pas du tout ! Il y a des mieux-portants qui mourront avant toi."*
>
> Lui : *"Je sais que je ne guérirai pas. Laissez-moi mourir !"*
>
> Elle : *"Tu guériras si tu le veux."*
>
> Il se tait...
>
> *(Une infirmière à domicile)*

Voici des attitudes à éviter car elles peuvent être des obstacles à une véritable écoute[1] :

– **Rassurer trop vite :** Risque d'enfermer la personne dans sa solitude.

– **Moraliser :** (exemple : *"Allons, vous dramatisez... Secouez-vous !"*). On l'empêche d'exprimer ce qu'elle ressent.

– **Juger :** Cela risque de l'enfoncer (exemple : quelqu'un qui se plaint toujours).

– **Conseiller, donner des solutions :** On a souvent envie de donner et proposer une solution (la nôtre). On risque d'être à côté de la plaque (ce n'est pas sa solution).

– **Consoler trop vite :** Il a peut-être besoin de pleurer, sa tristesse peut être positive.

– **Persuader :** C'est un moyen de défense de notre part. Or, le besoin d'écoute se situe la plupart du temps au niveau des sentiments (exemple : *"J'ai mal au talon, ma fille n'est pas venue me voir, etc."*).

– **Esquiver :** (*"Ne parlez pas de ça !"*) : On met la personne à distance, alors que c'est elle qui doit décider comment on peut l'aider.

– **Questionner :** (*"Qu'est-ce qui ne va pas ? Avez-vous eu de la visite ? etc."*). Cette attitude est souvent engendrée par la peur (de notre part) des émotions. Au contraire, laisser un silence s'installer, le vivre avec calme, c'est laisser à la personne l'initiative de reprendre le dialogue.

– **Se réfugier dans l'action :** (exemple : *"Je vais vous donner un calmant... un oreiller... la télé..."*). Au contraire, savoir s'asseoir près de la personne.

(1) Voir J. Pillot, **Jalmalv** n°37.

Témoignage d'une aide-soignante à domicile

Mme G a 94 ans. Lucide et d'un naturel très ouvert, c'est une personne avec laquelle les échanges sont riches et nombreux. Veuve, sa plus grande douleur a été de perdre son seul enfant, Jacques, à l'âge de 11 ans. Elle en parle souvent. Après un court séjour à l'hôpital, Mme G a désiré rentrer chez elle, cela fait environ une semaine. Fatiguée et déshydratée, elle est sous perfusion, et sa respiration est facilitée grâce à des lunettes à oxygène.

Ce soir, elle semble encore plus fatiguée. Je lui donne donc les soins d'hygiène et de confort dont elle a besoin avec un maximum d'attention et de douceur. Les soins terminés, je m'approche un peu plus. Tout près de son visage, je lui prends la main et lui dis : *"Ça y est, Madame G, vos soins sont finis. Vous serez plus à l'aise !"* Assez souvent, j'ajoute : *"Maintenant, c'est à vous de vous accrocher."*

Pourtant, ce soir, ce n'est pas tout à fait ce que je dis. Me rappelant de tout ce qu'on a dit (en formation) sur la mort, et surtout combien Mme G est faible, je lui dis : *"Maintenant, c'est à vous de vous accrocher... si vous en avez envie !"* Alors, elle me regarde : *"Je n'en ai plus envie ! – Vous n'en avez plus envie ? – Non !"* Et, avec un regard appuyé, en me tenant la main un peu plus fort, elle ajoute : *"Je voudrais croire que je vais retrouver les miens, mon petit Jacques, comme vous retrouvez votre petite lorsque vous rentrez le soir."* Je n'ai pu que lui dire : *"Je vous souhaite d'y arriver."* Je lui dis alors "au revoir", en lui caressant le front, puis je pars finir ma tournée.

Mme G s'est éteinte, dans son sommeil, au cours de la nuit qui a suivi.

Dans ce témoignage, on voit qu'il y a une communication totale : pas seulement des paroles, mais des regards, un toucher... Surtout une grande compréhension, avec la porte entrouverte par le *"si vous en avez envie" :* en parlant ainsi, l'aide-soignante montre qu'elle renonce à forcer Mme G à se battre, elle se met humblement à son service. Et cette attitude est confirmée par la reformulation (*"Vous n'en avez plus envie ?"*) qui permet à Mme G d'exprimer tout le sens positif qu'elle donne à sa mort : non pas quitter cette vie, mais "retrouver les siens" !

Il nous faudra du temps pour arriver à reformuler convenablement (sans en faire une recette). Pour cela, il faut nous remettre en cause, et en parler entre nous de temps en temps. Finalement, avec la reformulation, on est plus à l'aise dans le dialogue.

Accompagner la personne dans ses “attitudes du mourir”

Il est important, pour tous ceux qui ont à aider les malades pendant les derniers moments de leur vie, de savoir qu'un mourant peut passer par différentes attitudes définies par Elisabeth Kübler-Ross[1].

Attitudes à l'approche de la mort

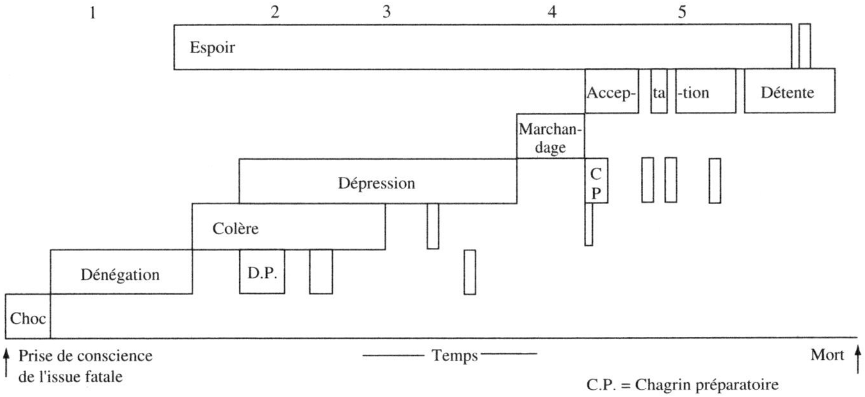

- Après le **choc du diagnostic** de la maladie terminale, le malade ne peut y croire ; il y a **refus de la réalité**.
- **Attitude de colère et d'agressivité**, particulièrement difficile à vivre pour l'entourage et les soignants, surtout si ceux-ci n'ont pas compris que, à travers eux, c'est la mort qui est visée. Il ne faut pas qu'ils prennent cette colère comme dirigée contre eux : le malade a seulement besoin d'exprimer sa révolte.
- Il accepte le fait de la mort mais essaie de gagner du temps en faisant du **marchandage** (remède miracle, pèlerinage dans l'espoir de contrecarrer le destin). Là, le soignant ou la famille peuvent, dans la mesure du possible, entrer dans ce marchandage.
- Le malade peut devenir triste : **attitude de tristesse**. Il a besoin que le soignant et son entourage soient à son écoute, présents, lui assurent que quelqu'un sera là, si besoin est, au moment de sa mort. Il faut qu'il puisse exprimer sa tristesse et s'isoler de temps à autre.
- La dernière **attitude** est celle **de l'acceptation**, il a besoin de silence, il est calme, en paix et serein, prêt à accepter son destin.

Ces cinq attitudes nous éclairent sur certaines façons de réagir des malades en fin de vie, sur des attitudes que l'entourage a souvent des difficultés à analyser et à comprendre.

---

(1) Schéma extrait du livre de E. Kübler-Ross, **Les derniers instants de la vie**, Labor et Fides, Genève, 1975.

Accompagner la famille dans son travail de deuil

– A vrai dire, il y a d'abord le **pré-deuil**, qui est le cheminement de l'entourage avant la mort de la personne. A ne pas confondre avec le deuil anticipé, qui consiste à considérer le malade comme disparu avant même qu'il soit mort.

  Soignants, nous sommes plus confrontés au pré-deuil qu'au deuil. Quand on entend une personne de l'entourage dire : *"Bientôt, il ne sera plus là !"*, il n'y a pas lieu d'être choqué, car cela ne veut pas dire (sauf exception) que la personne souhaite la mort du malade, mais plutôt qu'elle **commence à se préparer à la séparation**.

  C'est ainsi que le pré-deuil peut rendre plus facile le deuil qui suivra. Mais, pour autant, il ne le rend pas moins douloureux (douleur liée à l'aspect définitif de la séparation).

– Le **deuil**, lui, intervient donc après la mort. C'est un **chemin long**, parfois sinueux, où l'entourage peut vivre des **émotions fortes**, parfois contradictoires, pour aboutir à **accepter la mort** de l'autre et à **donner un nouveau sens** à sa propre vie.

Voici les principaux jalons de ce travail de deuil chez les proches :

– **Le choc et le refus :** l'entourage, la famille n'acceptent pas la disparition de l'autre. D'où l'utilité d'un rituel de funérailles pour démontrer la réalité de la perte.

– La famille se reproche des actes pas faits, des paroles pas dites. D'où **culpabilité**.

– On essaie alors de refaire le passé autrement en **niant** les réalités de ce moment-là et en rebâtissant un scénario où le défunt serait peut-être encore là, si nos attitudes avaient été différentes.

– **Colère et agressivité** envers le soignant parce que, désespéré, on n'accepte pas la perte. Colère contre le disparu, également.

– **La tristesse, dépression :** la famille a besoin de ce passage pour reconstruire, investir. Il lui est utile de pleurer tout son saoul sur ce qu'elle a perdu pour pouvoir accepter.

Tout ce travail de deuil permet de **remplacer une absence effective par une présence intérieure**.

Après tout ce cheminement, on peut **accepter la mort de l'autre** et recommencer à vivre normalement en famille et en société.

Accepter la mort de l'autre, c'est une façon de se rendre compte que les traces que l'on a laissées sont immortelles et que la vie valait vraiment la peine d'être vécue. C'est le sens de la vie.

A noter : Comme soignants, nous n'avons plus à intervenir près du malade (puisqu'il est mort)... mais un grand nombre de **familles nous sollicitent** après le décès, ayant un grand besoin de parler.

En établissement (1)

Dans son enquête près des résidents, l'APAVEC note : *"Pour la majorité de ceux qui ont répondu, l'on ne doit pas cacher la mort. Si notre lieu de vie est considéré comme son chez soi, quelle différence peut-il y avoir avec la mort dans un domicile particulier ? Une seule, c'est qu'elle y est plus présente, du fait du nombre de personnes âgées qui y vivent* (2)*."*

La personne et la famille

Un directeur : *Le directeur a un rôle plus administratif. Ce qui n'empêche pas de voir la personne et la famille.*

*Il faut être présent aux **personnes**, écouter les unes et les autres, les entourer de chaleur et de respect. Certaines personnes disent dès l'entrée ce qu'elles souhaitent pour leur fin de vie, pour d'autres c'est la famille qui le dit.*

*La **famille**, il faut l'informer assez tôt, ce qui n'est pas facile, mais on ne peut s'y soustraire. En veillant aux décharges de certaines démarches administratives. Pour certaines familles, on a un travail de déculpabilisation, au moins en les écoutant (mais chacun peut y contribuer à sa manière). Quand on est directeur, pour sortit de son bureau, il faut vraiment le vouloir ! Même au bureau, on a beaucoup de contacts, parce que beaucoup de personnes viennent nous voir.*

Une infirmière : *Pour une infirmière, il s'agit d'accompagner une **personne** "dans la vie", donc de la façon la meilleure possible, et pas triste. L'infirmière s'occupe sans doute d'abord du corps, mais les besoins physiologiques*

---

(1) Les pages qui suivent sont le résultat de plusieurs échanges entre :
Un directeur de foyer-logement de 98 lits, dont 20 lits de cure médicale
Une infirmière en long séjour
Un agent de service en foyer-logement avec 25 lits de cure
X : Intervenants divers

(2) **Des résidents s'expriment**, APAVEC, 1990, p. 60.

ne sont pas les seuls : il y a aussi les besoins psychologiques et les besoins spirituels. Et on a à les prendre tous en compte. C'est la personne elle-même qui nous guide : on navigue à vue, en la suivant, en nous adaptant à chaque instant à sa demande. Notre travail n'est pas très technique : un stéthoscope, nos deux oreilles, c'est simple. Mais notre travail est très relationnel. La technique n'est là que pour aider au passage, sans douleur, pour donner du confort et permettre la sérénité (une personne en fin de vie qui arrache sa sonde de gavage, c'est qu'elle veut que ça cesse !).

*La **famille**, souvent, se sent très coupable. Pour les déculpabiliser, nous pouvons insérer les gens dans notre travail (qu'ils puissent faire quelque chose), parfois leur expliquer comment peut se passer la mort, les aider à accepter l'état de leur proche (c'est dur), les inviter à le toucher (c'est très important !). Etre proche, sans être dirigiste. Etre à côté, mais un peu en arrière.*

L'infirmière est comme les autres, par rapport à la fin de vie et à la mort : elle ne sait pas grand chose !

Un agent : *Comme agents, nous ne sommes pas toujours près de la* **personne** *âgée. Nous sommes très pris par les tâches ménagères, et nous sommes plus jugés sur la propreté de l'établissement que sur l'accompagnement des personnes.*

L'autre jour, une femme de 95 ans me dit : "je crois que je vais mourir !" Je laisse mon balai, je m'approche, et je lui dis : "Mais pourquoi vous me dites ça, ce matin ?"... Le lendemain matin, même chose, pendant que je sers le petit déjeuner. Alors, pour mieux l'écouter, je la sers lentement... mais je pensais aux autres personnes qui m'attendaient, et le café refroidissait.

Le troisième jour, l'infirmière libérale est venue, puis celle de la maison, puis le SAMU. J'ai laissé cette dame entre les mains des techniciens, mais je me sens un peu frustré !

*Certaines **familles** demandent à passer la nuit près de leur proche : c'est très apprécié. On a tout un travail à faire près des familles, pour les aider, pour que ce soit tenable : on leur apporte du café, on leur propose une installation assez confortable...*

Pour écouter : une équipe, et du temps

X : *Il faudrait quelqu'un pour écouter !*

Un agent : *Non ! ce qu'il faut, c'est donner de la qualité à notre présence quand on est là. Quelques secondes parfois, mais très fortes.*

On ne peut pas accompagner tout seul ! Chacun de nous est renvoyé à l'équipe et à la direction. Mais il faut qu'on puisse en parler !

Une infirmière : *Cette approche demande beaucoup d'humilité. Chacun ne peut apporter que peu de choses. Mais, tous ensemble, on peut beaucoup et ça permet de dépasser nos frustrations personnelles. L'agent est aussi important que le médecin. A condition que, à côté du balai, il y ait le sourire, la chaleur, la présence.*

Un agent : *Je suis plus proche de certaines personnes (c'est comme ça pour chacun de nous !). Mais toutes ont besoin d'être écoutées. Pour cela, il faut s'arrêter !*

Un directeur : *On peut converser avec une personne tout en travaillant, mais pour écouter vraiment, il faut s'arrêter et s'asseoir. Cependant, quand on prétexte le manque de temps, ce n'est peut-être pas toujours justifié. Parfois, ce peut être la volonté qui manque, par ras-le-bol ou autre chose. Quant au temps, on peut en libérer, par exemple dans l'après-midi.*

X : *Oui mais, telle personne, ce peut être le matin qu'elle veut parler, ou le soir, quand on ferme ses volets.*

Un directeur : *Le matin, l'infirmière peut trouver un peu de temps, plus facilement que les autres.*

X : *Oui mais ce n'est pas l'infirmière qui est attendue.*

Un directeur : *Dans l'urgence, dans un foyer comme le mien, n'importe qui peut s'asseoir cinq, dix ou quinze minutes.*

X : *Cela suppose qu'il soit clair pour tout le monde que l'écoute fait partie de notre travail.*

Un agent : *Mais on est "surveillé" surtout sur nos tâches matérielles (ménage...), plus que sur la qualité de notre relation et de notre écoute, qui sont moins visibles* (1).

---

(1) Pour approfondir, on peut lire la préface de Renée Sebag-Lanoë au beau livre de photos, **Fait et cause**, par J.-L. Courtinat, Idéolis Création, 1994.

Un directeur : *Pour moi, directeur, il est clair qu'un agent doit avoir aussi des qualités relationnelles, une aptitude à l'écoute : on doit y être très attentif dès l'embauche.*

Une infirmière : *Ce qui aide beaucoup la motivation du personnel, c'est qu'il se sente reconnu, alors que trop souvent on lui signale surtout ce qui ne va pas.*

Un directeur : *Le temps pour écouter est moins un problème d'organisation que le fruit d'une entente d'équipe.*

X : *Que les membres de l'équipe s'entendent pour voir comment chaque personne pourra être écoutée, et comment s'arranger entre collègues quand quelqu'un a besoin de parler*(1).

Agents et aides-soignantes

"Docteurs et infirmières ont beaucoup de gestes techniques à effectuer. Aussi quand un malade approche de la mort, il leur est facile de se trouver quelque chose à faire ailleurs. Restent alors celles qui ne peuvent invoquer pour fuir aucune tâche précise, celles dont un gérontologue, Michel Philibert, a écrit 'qu'elles avaient sauvé l'honneur de la médecine', les aides-soignantes et les femmes de ménage. Dans de nombreux cas, elles seront les seules pour accomplir les gestes qui aident au passage... Des gestes qui vous vident mais qui aussi vous remplissent."

(Bernard Martino, dans son émission *"Voyage au bout de la vie"*, septembre 1986, et dans son livre au même titre, p. 77)

L'attitude juste (2)

Une infirmière : *On ne pratique pas l'euthanasie. S'il y a une demande, de la part de la personne, l'équipe écoute la demande avec attention. Souvent, il s'agit en fait d'une demande de ne plus souffrir. Si nous répondons efficacement à ce besoin, si nous faisons disparaître la douleur, le demande d'euthanasie disparaît.*

Mais la demande d'euthanasie vient souvent de la famille. Il s'agit alors d'aider la famille à vider son "trop plein". Si elle peut s'exprimer, si on peut s'expliquer, la demande disparaît.

L'acharnement thérapeutique est à éviter, lui aussi. Mais il est très difficile à définir dans certains cas : c'est seulement au bout d'un certain temps qu'on peut dire qu'il y a acharnement, mais c'est trop tard.

En tout cela, il faut une décision d'équipe, ce qui suppose que l'équipe prenne du recul par rapport aux souhaits de la personne et de la famille.

---

(1) Voir par exemple **Jalmalv** n°40, mars 1995.

(2) Parmi les ouvrages, voir Michèle Salamagne **Accompagner jusqu'au bout de la vie**, Cerf, 1992 ; Maurice Abiven **Une éthique pour la mort**, Desclée de Brouwer, 1995.

Pouvoir parler, s'exprimer

Un agent : *C'est lourd, physiquement et psychologiquement, de porter un décès. Il faut qu'on puisse s'en parler, y compris nous les agents, parce que nous sommes très présents, et il nous est beaucoup demandé. Or, infirmières et aides-soignantes peuvent s'en parler dans leur local, mais nous sommes en dehors.*

Une infirmière : *On fait partie d'une équipe, agents compris : ils passent dans les chambres, entendent beaucoup de choses, et ont donc des choses à dire. Quand chacun de nous s'en va (repos, week-end), ça lui permet de prendre un peu de distance, et l'accompagnement continue par d'autres. C'est ça l'équipe !*

Un directeur : *Il y a un problème de communication. Pas facile ! J'essaie, à la pause, de tenir tout le monde au courant des choses importantes... mais il y a toujours des absents.*

Une infirmière : *Mais il y a aussi, dans l'autre sens, le cas du soignant qui vient de vivre quelque chose de difficile, et qui a besoin d'en parler.*

X : *Nous, les agents, on est en dehors de beaucoup d'échanges ; et les veilleuses de nuit sont encore plus coupées.*

Une infirmière : *Quand on pense ne pas avoir fait assez, il faut pouvoir le dire en équipe ! C'est un des rôles des projets de vie.*

X : *Il est difficile de parler avec l'équipe.*

Un directeur : *Il faut être modeste, savoir qu'on ne peut tout faire.*

Mais il faut du temps. Et savoir s'asseoir parfois, non seulement pour écouter les personnes, mais aussi pour faire le point entre nous.

Le directeur a un rôle, pour informer, motiver. Mais il a ses limites. Et il est confronté à beaucoup de problèmes et d'insatisfactions (des familles, des fournisseurs, etc.). Il doit porter tout le monde au milieu de difficultés croissantes.

Une infirmière : *Personne ne peut "porter" personne. On peut seulement écouter l'autre. Mais on a besoin de temps de parole, pour se décharger.*

Un agent : *L'an dernier, nous avons eu plusieurs soirées pour nous entraîner à regarder autrement des personnes âgées. Ça nous a beaucoup aidés. Mais, dans le projet de vie, élaboré il y a trois ou quatre ans, il n'était pas du tout question de la mort. Il va bien falloir en parler un jour.*

Une infirmière : *Chacun de nous doit faire un projet de mort, c'est-à-dire envisager sa propre mort. Mais, par ailleurs, tant qu'on est en vie, il s'agit de vivre ! Il ne lui reste peut-être que quelques jours à vivre ? Il s'agit de les vivre à plein !*

Le visage de l'humanité

"Je me dis que certaines personnes oublient une partie du visage de l'humanité ou une partie de leur propre visage. Ce visage, je le connais. Il y a certaines attitudes, certaines déclarations, certaines futilités quelquefois, qui me paraissent déplacées.

Je ne sais pas si vous me permettez de citer ces lignes de mon oncle, (dont je porte le nom et le prénom) écrites dans le journal de Genève en juin 1957. Il venait de voir la grande parade sportive d'un grand pays du monde, et il écrivait : *"Je n'oublierai de ma vie l'écœurement produit par ces torses avantageux, par ces visages défilant par milliers, tous identiques, tous criant au monde 'nous sommes forts, nous sommes sains, nous sommes surhumains'. Je n'avais qu'une envie, courir un instant à l'hôpital le plus proche, voir le sourire d'un grand malade solitaire, me désaltérer à cette source."* Alors, c'est pas du sadisme de dire ça. C'est dire le visage humain, le visage de l'humanité n'est pas uniquement un visage avantageux, n'est pas uniquement un visage jeune et en bonne santé, c'est aussi le visage d'un malade en fin de vie."

Professeur Scherer, fondateur de Jalmalv, dans *"Voyage au bout de la vie* (1)".

Et après la mort

Un agent : *Chez nous, la moyenne d'âge est de 85 ans, il y a 15 à 20 morts par an, parfois plus. Trois genres de morts : mort subite (il y en a peu, mais là pas de préparation), mort à l'hôpital (c'est assez fréquent), de plus en plus de morts chez nous. Après la mort, comme pour l'hôpital, la personne reste deux heures sur place, puis part au funérarium. Le corps disparaît, plutôt discrètement : on cache un peu la mort ! La directrice annonce la mort et la sépulture par affichage. Parfois des familles écrivent pour remercier, envoient des bonbons...*

Un directeur : *La personne reste dans sa chambre, sauf exception (retour à la famille, ou funérarium). Contrairement à ce qu'on peut penser, la présence du corps, les prières et tout, au lieu de traumatiser les résidents, c'est plutôt bien vécu. Les résidents peuvent ainsi accompagner la personne jusqu'après sa mort. Et ça semble leur donner une image plutôt rassurante de ce que sera leur propre mort. Ainsi, pour tous, la mort fait partie de la vie.*

---

(1) Emission de télévision de Bernard Martino. Ce texte se trouve aussi dans le livre du même nom édité chez Balland, p. 88.

Deux mots encore [1]

Aider

A travers notre démarche quotidienne, l'aide trouve une place primordiale. Il s'agit simplement d'être soucieux de ne pas faire à la place de l'autre : lui permettre de s'accomplir et d'exister, tout en évaluant ses besoins et ses possibilités ; **c'est sa vie et sa mort dont il s'agit**. Le but essentiel de l'aide est de préserver son autonomie et faire en sorte **qu'il puisse vivre la fin de sa vie à sa manière**.

La situation d'aide devrait être basée sur une relation d'égalité, l'aidant ne devant pas tout apporter et l'aidé tout recevoir.

Le malade doit mener la relation, le soignant se faisant discret et effacé pour lui permettre de trouver ses propres solutions.

Perdre

La mort peut être considérée comme une perte : la dernière. Inversement, **toute perte est une certaine mort** qui nous arrive.

Or, toute notre vie est jalonnée de pertes : dès la naissance, puis quand il faut laisser l'enfance, etc. A tel point qu'il est à peine paradoxal de dire *"vivre, c'est perdre !* [2]*"*.

A condition d'ajouter aussitôt que, ces pertes, il importe de les **accepter** pour les assumer (sinon, on souffre, et ça se passe mal). A condition aussi que, à chaque fois qu'on vit une perte, on puisse **espérer** gagner autre chose, et qu'on se batte pour le **gagner** effectivement.

---

(1) Ces deux mots sont ici soulignés par les deux groupes d'aides-soignantes signalés au début de ce chapitre.

(2) Titre du remarquable article de André Comte-Sponville dans "Deuils", n°128 de la revue **Autrement**, mars 1992.

Charte des droits du mourant

J'ai le droit d'être traité comme un être humain vivant jusqu'à sa mort.

J'ai le droit de maintenir un sens de l'espoir, peu importe le changement de perspective.

J'ai le droit d'exprimer à ma manière mes sentiments et mes émotions sur ma mort prochaine.

J'ai le droit de participer aux décisions concernant mes soins.

J'ai le droit de m'attendre à des soins médicaux et infirmiers continus même si les objectifs de "guérison" doivent devenir des objectifs de "confort".

J'ai le droit de ne pas mourir seul.

J'ai le droit d'être exempt de douleur.

J'ai le droit à des réponses honnêtes à mes questions.

J'ai le droit de ne pas être trompé.

J'ai le droit d'obtenir de l'aide de ma famille et pour celle-ci, concernant l'acceptation de ma mort.

J'ai le droit de mourir dans la paix et la dignité.

J'ai le droit de conserver mon individualité et de ne pas être jugé(e) pour mes décisions qui pourraient aller à l'encontre des croyances des autres.

J'ai le droit d'être soigné(e) par des gens attentionnés, sensibles et bien informés qui tenteront de comprendre mes besoins et pourront obtenir de la satisfaction en m'aidant à faire face à la mort.

Formation accompagnants
USA – Canada

Des mots pour aider

Quelques mots font – au gré des chapitres – la trame de ce livre. Les rassembler ne constitue pas une conclusion mais plutôt une source pour la réflexion et un levier pour l'action. Ils vont au cœur autant qu'à l'esprit.

Dignité – Toute personne humaine a droit à ce que sa dignité soit reconnue, la personne âgée plus que toute autre parce qu'elle risque d'être "mise sur la touche". Dans notre monde où l'efficacité domine, elle aspire à être utile, reconnue, estimée.

Respect – La dignité reconnue conduit au respect. Respect de l'âge, et de ses faiblesses mais aussi respect de la personnalité, des valeurs et des aspirations de la personne.

Adaptation – S'adapter à son âge, à ses conditions et, parfois, à son nouveau milieu de vie, est une nécessité pour la personne âgée. Elle en est généralement capable, surtout si son entourage adopte une attitude et des comportements eux-mêmes adaptés aux limites et aux possibilités (trop souvent laissées pour compte) de la personne aidée.

Relation – Quand l'isolement se fait plus grand, la solitude parfois insupportable, la relation est un besoin et un bienfait. Encore doit-elle se faire discrète, respectueuse de l'autre et source d'échange.

Ecoute – C'est une qualité qui devient rare chez les aidants qui ont tant à faire... alors que les personnes aidées ont tant à dire ! C'est encore plus vrai lorsqu'on intervient auprès de personnes dont le rythme de pensée et d'expression est plus lent, plus réservé, ou – plus grave – lorsqu'on croit que les personnes n'ont rien à exprimer.

Communication – Il n'y a pas que la conversation, encore qu'elle compte beaucoup si elle n'est pas qu'un monologue. Outre le mode oral, la communication peut revêtir des formes variées adaptées à l'état de la personne âgée : l'attitude, le regard, l'expression du visage, le geste, le toucher.

Bien-être – Ne pense-t-on pas en premier lieu à la propreté de la maison, à l'hygiène, à la bonne disposition des choses ? C'est important, certes, mais combien compte plus encore tout ce qui peut faire plaisir à la personne, satisfaire son goût, son envie, son confort, sa joie de vivre !

Animation – Que de "gentils animateurs" viennent parfois "égayer" la maison n'est peut-être pas superflu, mais là n'est pas l'essentiel. C'est tout – dans l'entourage des résidents – qui doit être occasion d'animation (donner de l'âme). Ce sont tous les acteurs de la maison (du personnel de service à l'infirmière ou au médecin) qui sont destinés à faire que ce qu'ils font soit animation. Et les résidents eux-mêmes ont leur place parmi ces acteurs.

Accompagnement – S'il ne fallait retenir qu'un mot de ce livre, c'est bien celui-là. Vivre avec des personnes âgées, c'est les accompagner, **vivre en leur compagnie**. Sur un pied d'égalité et de réciprocité. En leur apportant, mais aussi en recevant d'elles ce qu'elles peuvent donner elles-mêmes.

Accompagner, c'est aller au même pas. C'est humaniser, personnaliser toute action d'aide.

L'aide aux personnes âgées exigera de plus en plus de professionnalisme mais aussi d'aptitude aux relations humaines.

Puisse ce livre y contribuer. Par ses apports scientifiques et techniques. Par ses témoignages et l'expérience qui s'en dégage. Il se veut une chance pour les **aidants** et les **aidés**.

Lectures et adresses

Livres portant sur l'ensemble du sujet, et vraiment abordables :

- Pierre Guillet, **L'aventure de l'âge**, Hatier, 1989, Le Livre de Poche n° 8016. L'auteur, médecin généraliste à Paris, travaille en équipe avec les autres intervenants, si bien que son livre est très simple et très concret.
- Christiane Jomain, **Mourir dans la tendresse**, Centurion, 1984, le livre à la fois le plus complet et le plus abordable sur l'accompagnement en fin de vie.
- Charlotte Mémin, **Projet de vie avec les personnes âgées et dépendantes en institution**, Bayard, 2e édition, 1992. Dans sa première édition (1984), l'auteur, qui est psychologue en établissement, abordait déjà l'ensemble de la vie de la maison, surtout sous l'angle des relations et de la communication.
- Jean Vimort, **Quand la tête vieillit**, Centurion, 1991, livre posthume d'un aumônier d'hôpital, écrit simplement, avec des analyses très pénétrantes.

Revues :

- **Entourage** (bimestriel pour tous ceux qui entourent les personnes âgées), 3 rue Bayard, 75008 Paris.
  Revue disponible en kiosque ou par abonnement à l'adresse suivante :
  Entourage, B.P. 2, 99505 Paris Entreprises
- **Jalmalv** (4 numéros par an, articles plus ou moins techniques), 4 bis rue Hector Berlioz, 38000 Grenoble.
- **Notre temps**, 3 rue Bayard, 75008 Paris.

Associations :

- APAVEC (Association de personnes âgées vivant en collectivité), 83 rue de Fresche-Blanc, 44300 Nantes.
- JALMALV (Jusqu'à la mort accompagner la vie), 4 bis rue Hector Berlioz, 38000 Grenoble, Tél. : 76.51.08.51.
- France Alzheimer, 49 rue Mirabeau, 75016 Paris, Tél. : 45.20.13.56.

Le CEAS de Vendée

Ce livre donne une idée de ce qu'est et veut être le CEAS (Centre d'études et d'action sociale) :

- au service de tous, mais d'abord de ceux qui, parce qu'ils tiennent une place modeste, sont trop souvent oubliés...
- d'où le souci d'être simple, accessible, sans prétention...
- avec également la volonté de travailler le plus possible avec les gens, et non pas seulement pour eux : la plus grande partie de ce livre vient, en fait, de situations ou réflexions qui nous ont été apportées par des personnes qui se sont formées avec notre concours.

Le CEAS : un outil et des personnes

Le CEAS est une association qui se veut depuis toujours au service des partenaires, particulièrement de ceux qui ont le moins de moyens, pour les aider à mieux connaître les réalités (sociales, économiques, politiques...) dans lesquelles ils vivent, de façon à être mieux outillés pour agir sur ces réalités et prendre toute leur place d'acteurs (dans leur profession, leur commune, leurs associations, le département, etc.).

Le Conseil d'administration est très polyvalent et pluraliste. L'équipe des permanents (9) diverse et pluridisciplinaire (psychologie, sciences sociales, géographie...) assure diverses fonctions en Vendée : animation de groupes de travail, travaux d'études et de conseils, conception et réalisation de formations. Les diverses tâches sont assurées avec le concours d'experts locaux, professionnels ou bénévoles.

Les activités du CEAS

- il y a donc la formation, en particulier dans les secteurs "santé et social" : formations d'aides ménagères puis CAFAD[1] et "emplois familiaux", formation pour tous personnels d'établissements ou intervenants du domicile, soit sur place, soit en regroupement ;
- mais également études et recherches-actions à la demande de collectivités territoriales, d'administrations ou d'associations. Les démarches visent à mieux identifier les caractéristiques et les ressources d'une région, d'un secteur économique ou social ou à éclairer une question : habitat, développement local, création d'activités, difficultés sociales ;

---

(1) Certificat d'aptitude à la fonction d'aide à domicile.

– et l'animation, dimension indispensable, permet de diffuser l'information, d'aider à conduire une analyse avec les habitants. Ceci facilite l'élaboration de projets qui respectent la diversité des approches et la participation du plus grand nombre. Le CEAS, relais de l'INSEE(1), collabore avec l'Institut et de nombreux producteurs d'information pour extraire l'information et la rendre lisible.

Un CEAS près de chez vous ?

Peut-être existe-t-il un CEAS tout près de chez vous : il y en a 30 en France, avec une philosophie commune, mais très divers dans leur visage et leurs activités.

Centre d'**E**tudes et d'**A**ction **S**ociale
70 rue Joffre
Boîte Postale 674
85016 La Roche-sur-Yon-Cedex
Tél. : 51.37.28.36 – Fax : 51.36.29.08

(1) Institut national de la statistique et des études économiques.

chronique sociale

Cinq collections

Comprendre les personnes : Aborder la question du développement de soi et de l'autre avec l'aide des apports de la psychologie. Présenter les concepts et les courants dans leur diversité. Analyser des situations de vie à partir d'expériences vécues afin de proposer des repères concrets.

Comprendre la société : Analyser les mutations sociales, culturelles et économiques avec leurs interdépendances. Proposer des éléments pour permettre de prendre position sur les questions de société au niveau local jusqu'au niveau international pour favoriser un agir collectif.

Savoir communiquer : Mettre toutes les techniques d'expression et de communication au service du développement des personnes et des groupes.

Savoir penser : Permettre à chacun d'être capable d'analyser une situation dans sa globalité et sa complexité. Mettre à la disposition de tous les apports de la philosophie pour que chacun puisse organiser sa pensée, faire des choix conscients et se forger des opinions.

Pédagogie / Formation : Connaître, comprendre et acquérir les concepts et les pratiques favorisant l'éducation et la formation. Permettre au formateur ou à l'enseignant d'analyser ses pratiques pédagogiques pour les rendre plus pertinentes.

Trois niveaux de lecture

EVEIL

Eveil : Sa fonction est de mettre à la disposition de ceux qui n'ont pas de compétences particulières dans un domaine, les éléments de base nécessaires pour comprendre les problèmes abordés. Sert d'"apéritif" pour avoir envie d'aller plus loin. Démystifie en supprimant l'appréhension consistant à croire que certains domaines sont difficiles. Notre rôle est d'expliquer de façon simple les sujets complexes en conservant la rigueur du contenu.

l'essentiel

l'essentiel : Elargit le champ d'analyse en abordant de façon plus large les problèmes concernant les sciences humaines : psychologie, sociologie, pédagogie, philosophie, ou les sciences techniques. Fait apparaître l'étendue d'un problème mais sans approfondir chacun de ses aspects. Montre les liaisons entre les différentes parties d'un problème et ses ramifications avec d'autres domaines.

Synthèse

Synthèse : Synthétise les éléments de pratique d'analyse et de réflexion d'un domaine de connaissance ou d'un sujet précis. Approfondit les points soulevés dans les livres des autres niveaux de lecture.

Les livres sont présentés ci-après par collection et leur niveau de lecture est indiqué par un code (Ev : Eveil, Es : Essentiel, S : Synthèse)

Chronique Sociale 7, rue du Plat - 69002 Lyon

Nos livres par collections
avec indication du niveau de lecture Ev : Eveil Es : Essentiel S : Synthèse

Comprendre les personnes

Les étapes du développement de la personnalité

Ev **Albums illustrés - format : 21 x 29,7 cm - 64 pages dont 30 illustrations**

* **La naissance : grossesse et premiers mois de la vie**
  Michel Richard - Isabelle Plat - 2e édition
* **1 à 3 ans : vers une personnalité autonome**
  Jean-François Skrzypczak - Roland Burlet
  2e édition
* **3 à 6 ans : l'enfant metteur en scène de sa vie**
  Alain Guillotte - Thiébaud Lardier - 3e édition
* **14-19 ans : l'adolescence, la difficulté d'être**
  M.-F. Cote-Jallade - J. Dumonteil - M.-N. Semet
  4e édition

Ev **Livres illustrés - format : 16 x 22 cm - 30 illustrations**

* **L'œdipe. Moyen de libération**
  Charles Maccio - Claude Régnier
  104 pages - 2e édition
* **Le bébé et ses parents. 0 à 18 mois**
  Alain Guillotte 3e édition
* **5 à 12 ans : l'enfant en période de latence**
  Michel Richard - Jean Spielers - 3e édition
* **11-15 ans. Les enjeux d'une révolution**
  Albert Donval - Odette Thibault - Raphaël Gattegno
  112 pages - 4e édition

* * *

S * **La psychologie et ses domaines.** De Freud à Lacan
J.M. Fournier - M. Richard - J.F. Skrzypczak
300 pages - 2e édition revue et augmentée

Es * **Pour une éducation de la liberté.** Les étapes du développement de la personnalité
Charles Maccio - 208 pages - 4e édition

Es * **Comprendre la sexualité aujourd'hui**
Michel Simon - 186 pages - 3e édition

Es * **Prendre sa vie en main**
André Gromolard - 128 pages - 3e édition

Es * **Debout les femmes**
Odette Thibault - 168 pages - 2e édition

S * **L'inné et l'acquis**
Inégalités "naturelles" - Inégalités sociales
Jean-François Skrzypczak - 208 pages - 3e édition

Es * **Vivre un amour humain.** Amour et parole
Albert Desserprit - 120 pages

Es * **Couple et mariage**
Collectif de l'ISF de Lyon - 138 pages

Es * **Introduction à la psychanalyse de Freud**
Michel Dethy - 152 pages - 2e édition

Es * **Introduction à la psychanalyse de Lacan**
Michel Dethy - 152 pages - 3e édition

Es * **Maladies psychosomatiques et troubles de la sexualité** - Michel Dethy - 120 pages

Es * **Parole de suicidaires**
Patrick, Annie et quelques autres - 136 pages

S * **Mères en détresse, naufrage d'enfants**
Approche psychanalytique des autismes et psychoses précoces - Jean-Marie Charron - 144 pages

Es * **Ecouter l'autre.** Tant de choses à dire
Alfred Vannesse - 96 pages - 3e édition

Es * **Vivre après l'accident** - Conséquences psychologiques d'un handicap physique
Jean-Luc Simon - 152 pages

Es * **Le ballon orange** - Une relation d'aide selon C. Rogers - Nelly Verbeke - 112 pages

S * **La personne âgée**
Dr Louis Ploton - 256 pages - 3e édition

Es * **Ensemble face à la drogue.** Agir au quotidien
Françoise Mozzo-Counil - 192 pages

Es * **Mieux vivre nos désirs** - De la naissance à la fin de vie - Dr Philippe Lefèvre - 256 pages

S * **Les courants de la psychologie**
Michel Richard - 292 pages - 2e édition

Es * **Sectes** - Les manipulations mentales
Max Bouderlique - 128 pages - 2e édition

Es * **Vivre le deuil** - De la désorganisation à une réorganisation - M.-F. Augagneur - 160 pages - 3e édition

Ev * **Le temps du mépris** - Les Maghrébins de la deuxième génération - Guy Dutey - 192 pages - 2e édition

Ev * **Le temps de la différence** - À la rencontre des solitudes - Guy Dutey - Antoine Dury - 176 pages

S * **Le corps - Rôle et parole**
Mireille-Lucile Latour - 184 pages

Es * **Acupuncture sans mystère**
Dr Auguste Nguyen - 176 pages

Es * **Vivre la boulimie ordinaire** - À la recherche de son identité - Sylvette Riéty - 168 pages

Es * **Adolescents, drogues et toxicomanie**
Louis Gonet - 144 pages

S * **Autorité, responsabilité parentale et protection de l'enfant** - CER - 428 pages

Es * **La vie de la personne âgée**
Dr Albert Ladret - 128 pages

Es * **L'enfant meurtri** S'en sortir sans rancune
Genny Le Thi Mui - 160 pages

Es * **L'homme et son langage**
Introduction à la linguistique
Fred Poché - 160 pages

Es * **Parler pour exister**
Créer des espaces de parole
Claude Bizet - 208 pages

Es * **Femmes maghrébines en France**
"Mon pays c'est ici, mon pays c'est là-bas"
Françoise Mozzo-Counil - 138 pages - 2e édition

Es * **S'épanouir par les activités culturelles**
Au centre psychothérapique et dans la cité
Marie-Claire Harel - 144 pages

S * **Le travail social** - Théories et pratiques
Louis Fèvre - 192 pages

Es * **Vivre avec son handicap**
Josiane Criscuolo - 160 pages

Comprendre la société

Es * **Combats d'un maire**
René Carême - 160 pages

Es * **Construire la démocratie**
Le contrat démocratique. Des citoyens actifs
Pierre-Yves Chereul - 176 pages

S * **Démocratie mondiale** - Une logique au service de la paix - Jean-Yves Ollivier - 264 pages

Es * **Les mutations techniques et industrielles**
Choix économiques, choix sociaux
Jean Couté - 104 pages

S * **Maîtriser les mutations techniques**
L'humanité face aux changements
Charles Maccio - 312 pages

S * **Valeurs pour notre temps**
L'humanité face aux changements
Charles Maccio - 260 pages

S * **Les sciences humaines en mouvement**
L'humanité face aux changements
Charles Maccio - 336 pages

S * **Culture et changement social** - Approche anthropologique - Daniel Mandon - 208 pages

S * **Les droits de l'homme** - Guide d'information et de réflexion - 2e éd - Michel Simon - 180 pages

S * **Pour une déclaration universelle des droits des peuples** - François Rigaux - 176 pages

S * **Nouveau paysage international**
Albert Samuel - 264 pages

S * **L'environnement** - Le comprendre pour le reconstruire
Thierry Poucet - 232 pages

S * **Comprendre l'écologie** - Michel Dupupet - 304 pages

S * **La biotechnologie** - Les cellules domestiquées
Dominique Padirac - 208 pages

Es * **Les nouveaux visages de l'immigration**
Pierre Lanier - 192 pages - Mise à jour 1994

S * **Israéliens et Palestiniens**
Du dialogue à la paix ? Racines et perspectives
André Barthélemy - 264 pages

Es * **Militer autrement** - Michel Tozzi - 168 pages

S * **Histoire du mouvement ouvrier** - Les événements de 1968 - Société française et luttes de classes - Michel Branciard - 246 pages

Es * **Le travail. Regard photographique**
BIT - 104 pages

Es * **L'économie sociale** - Mythes et réalités
François Boursier - 116 pages

Es * **Le chômage d'exclusion** - Comment faire autrement ? Patrick Valentin - 96 pages

Es * **L'emploi par la formation** - Les populations en grande difficulté - Bernard Martin - 152 pages

S * **Comprendre et gérer les conflits dans les entreprises et les organisations**
Pierre Rousseau - 172 pages

Es * **Créativité et innovation dans les entreprises et les organisations**
R. Remouchamps et F. Tilman - 160 pages

Es * **Autonomie au quotidien** - Réponses à la crise ?
François Plassard - 184 pages

S * **Besoins et désirs en société de consommation**
Michel Richard - 240 pages

Es * **Non à la guerre, disent-elles**
Odette Thibault - 188 pages

S * **Construire la paix - 1 Les armements détruisent l'humanité** - Jean-Marc Lavieille - 240 pages

S * **Construire la paix - 2 L'humanité détruira les armements** - Jean-Marc Lavieille - 240 pages

Es * **Notre santé.** Une école de vie
Michèle Pohier - 240 pages

S * **Les religions aujourd'hui**
Albert Samuel - 312 pages - 3e édition

S * **Méthode de recherche spirituelle en groupes**
A l'épreuve de l'autre - Louis Fèvre - 208 pages

S * **La foi affrontée aux découvertes scientifiques**
Louis Doucet - 240 pages

Es * **Comprendre la société** - Outils d'analyse pour unir foi et justice - J. Holland - P. Henriot - 174 pages

Es * **L'Eglise catholique pour ou contre le libéralisme ?**
Christian Baboin-Jaubert - 192 pages

Es * **Visages de Dieu. Visages de société**
Collectif - 240 pages

Es * **La coordination gérontologique**
Guide de réflexion et d'action
Martine Tanguy-Mauffret - 208 pages

D * **L'entreprise démocratique**
Jacques Benoit - Damián Yurkievich - 192 pages

Es * **Le Maghreb** au cœur des crises
Michel Branciard - 176 pages

S * **Les mécanismes de l'économie politique**
Yves de Wasseige - 328 pages

Es * **Comprendre l'histoire de la Vie**
André Steiger - 224 pages

Es * **Comprendre l'action des sectes**
Max Bouderlique - 144 pages

S * **Les médiations du travail social**
Marie France Freynet - 304 pages

S * **Solidarité par le partage du travail et des revenus**
L'humanité face aux changement - Charles Maccio
304 pages

Es * **Réussir l'insertion** - Accompagner la reconnaissance sociale - Martine Buhrig - 168 pages

Es * **L'homme et la culture**
Jean Billaud - 128 pages

Pédagogie / Formation

S * **Apprendre l'autonomie. Apprendre la socialisation**
M.-A. Hoffmans-Gosset - 168 pages - 2e édition

Es * **Formuler et évaluer ses objectifs en formation**
Michel Barlow - 176 pages - 5e édition

S * **Apprendre à écrire le français au collège**
J.-C. Meyer - J.-L. Phélut - CEPEC
224 pages - 5e édition

S * **Itinéraire des pédagogies de groupe**
Apprendre en groupe ? Tome 1
Philippe Meirieu - 208 pages - 5e édition

S * **Outils pour apprendre en groupe**
Apprendre en groupe ? Tome 2
Philippe Meirieu - 208 pages - 5e édition

S * **Comment faire un projet d'établissement**
Marc Broch - Françoise Cros - 216 pages - 3e éd.

Es * **Education à la paix** - Fiches pédagogiques 4-12 ans
Richard Fortat - Laurent Lintanf - 208 pages

Es * **Education aux droits de l'homme**
Fiches pédagogiques 4-12 ans
Richard Fortat et Laurent Lintanf - 144 pages

Es * **Formation et communication**
Collectif - 224 pages

Es * **Pour une éthique de l'enseignement des sciences**
Gérard Fourez - 144 pages

S * **Éducation, monde d'espérance**
Roger Texier - 176 pages

Es * **La pédagogie du projet en formation Jeunes et Adultes**
Jean Vassileff - 136 pages - 3e édition

Es * **Prendre ma place à l'école avec l'Analyse Transactionnelle** - Bernard Riban - 104 pages

S * **Lire et écrire au collège**
Véronique Breyer - 128 pages

Es * **Le défi-lecture**
J.-J. Maga - C. Méron - 192 pages - 4e édition

S * **L'évaluation participative de la formation**
Un outil du management
Brigitte Pique - 192 pages

S * **Pédagogie de la médiation.** Autour du PEI
Avec la collaboration du Pr R. Feuerstein
208 pages - 3e édition

Es * **Conte et (ré) éducation**
Jacques Thomassaint - 104 pages

S * **Le groupe éducatif : une réalité politique**
Michel Barlow - 168 pages

S * **Autoformation et fonction de formateur**
Pascal Galvani - 170 pages

S * **Développement des capacités personnelles**
Guide d'autoformation
Ariane Kepler - 264 pages

S * **Evaluer le projet de notre organisation**
M.-H. Broch et F. Cros - 240 pages

S * **L'enseignement des langues** Théorie et exercices pratiques - F. Cormon - 224 pages

S * **Le centre-ressource.** Pourquoi ? Comment ?
Ariane Kepler - 184 pages

Es * **Chef d'établissement : des métiers, une passion**
France Rollin - 192 pages - 2e édition

Es * **Référentiel de métier du chef d'établissement**
France Rollin - 128 pages

Es * **Ensemble faisons reculer l'échec scolaire**
Michel Bourgain - 179 pages

Es * **Invitation à l'expression orale**
Colette Bizouard - 144 pages - 5e édition

Es * **Mieux gérer son temps**
Fathi Tlatli - 164 pages

Es * **L'écoute.** Attitudes et techniques
Jean Artaud - 192 pages - 2e édition

Es * **Créer par la parole**
Pierre Lebar - 144 pages

Es * **Mieux prendre la parole en public**
Jean-Paul Berrou - 152 pages

Es * **Comprendre la presse** - Informer hier et demain
Jean-Jacques Coltice - 128 pages

Es * **Écrire au quotidien - Pratiques du journalisme**
Collectif

Savoir penser

S * **Comprendre les idéologies.** Les croyances, les idées, les valeurs
Michel Simon - 256 pages

Es * **Dieu des athées.** Marx, Sartre, Camus
Robert Coffy - 132 pages

S * **Introduction à une philosophie de l'homme**
Roger Texier - 168 pages

S * **Le marxisme.** Théorie de la pratique révolutionnaire
Jean Guichard - 304 pages - 4e édition - 30e mille

S * **Le Socialisme.** Histoire - Courants - Pratiques
Albert Samuel - 472 pages

S * **Le personnalisme.** Sources - Fondements Actualité
Jean Lacroix - 152 pages

Es * **Les libéralismes d'hier à aujourd'hui**
Michel Branciard - 184 pages

Es * **La pensée contemporaine.** Les grands courants
Michel Richard - 234 pages - 4e édition

S * **Les doctrines du pouvoir politique Du totalitarisme à la démocratie**
Michel Richard - 192 pages

S * **Penseurs pour aujourd'hui**
P. Clastres, R. Girard, M. Foucault, L. Althusser, C. Castoriadis, J. Baudrillard - M.-F. Côte-Jallade M. Richard - J.F. Skrzypczak - 198 pages

S * **Science, idéologies et foi chrétienne**
Louis Boisset - Michel Simon - 180 pages

Es * **Penser par soi-même**
Initiation à la philosophie
Michel Tozzi - 224 pages - 2e édition

Es * **Connaître le Réel**
Mythes ou réalités
Gérard Tiry - 128 pages

S * **Droits de l'homme - Droits des peuples**
Philippe Richard - 184 pages

Demandez-nous notre catalogue avec descriptif complet des ouvrages

Achevé d'imprimer au 1er trimestre 1996

iml

Imprimerie des Monts du Lyonnais

N° d'impression 1217